高职高专“十三五”精品规划教材
学前教育精品规划教材

幼儿园语言教育资源

——文学作品分析

主　编　车　轶　刘　昕

天津大学出版社
TIANJIN UNIVERSITY PRESS

内容提要

本书按照幼儿文学的三个体裁——故事、诗歌、散文来选择文学作品，并对每一个作品从教育价值、表现手法等方面进行了详尽的分析，同时针对作品提出了活动设计方面的教学建议。本书旨在帮助幼儿教师提升自身的文学素养，更好地体悟文学作品，充分发掘文学作品所蕴含的核心经验并有效地传递给幼儿，从而提高幼儿园语言教育的质量。

本书既可作为学前教育专业的学生和幼儿园一线教师的参考用书，又可作为家长进行家庭教育的指导用书。

图书在版编目(CIP)数据

幼儿园语言教育资源：文学作品分析/车轶，刘昕主编．—天津：天津大学出版社，2016.8（2021.8重印）

高职高专“十三五”精品规划教材　学前教育精品规划教材

ISBN 978－7－5618－5630－7

Ⅰ.①幼…　Ⅱ.①车…②刘…　Ⅲ.①学前教育－语言教学－高等职业教育－教材　Ⅳ.①G613.2

中国版本图书馆CIP数据核字(2016)第187355号

出版发行　天津大学出版社
地　　址　天津市卫津路92号天津大学内(邮编:300072)
电　　话　发行部:022－27403647
网　　址　www.tjupress.com.cn
印　　刷　廊坊市海涛印刷有限公司
经　　销　全国各地新华书店
开　　本　185mm×260mm
印　　张　10.25
字　　数　256千
版　　次　2016年8月第1版
印　　次　2021年8月第3次
定　　价　28.00元

《幼儿园语言教育资源——文学作品分析》

编委会

主　编　车　轶　刘　昕

主　审　周世华　徐　青

副主编　王　敏　于　磊　林子涵

　　　　　吴海波　孙　茜

前言

有关人类学习母语的研究表明，学前阶段是幼儿口头语言发展的关键期，而语言是通过学习获得的，因此，提供高质量的范例是促进幼儿口头语言发展的重要条件。《幼儿园教育指导纲要》（试行）明确指出，要“引导幼儿接触优秀的儿童文学作品，使之感受语言的丰富与优美，并通过多种活动帮助幼儿加深对作品的体验和理解”，使他们“在快乐的童年生活中获得有益身心发展的经验”。我们都知道，幼儿喜欢听故事、散文，喜欢朗诵儿歌、读绕口令，这些借助文学作品传递的语言信息，以其书面语言的特质体现了高质量的语言价值——好的幼儿文学作品总是用超拔的想象、优美的语言、悦耳的音韵，述说着富于童心的故事，歌咏着伟大的感情、神奇的自然、美好的世界。它们好似魔方，按照不同的形式排列，就会出现不同的色彩和不同的声音。正是这些不同形式的文学作品向幼儿提供了成熟的语言样本，使他们能够丰富文学语汇、熟悉文学形式、拓展文学想象，创造性地应用到其他生活场景中去。

虽然文学作品是社会知识、认知知识和语言知识的结合物，但为了突出语言教育的价值，在设计组织文学活动时，必须从语言的角度，以文学作品为基本出发点，根据具体的文学作品整合相关学习内容开展活动，帮助幼儿完成整个语言的学习。但是，在目前的幼儿园文学作品学习过程中，由于对于上述三要素缺乏足够的认识，特别是对作品的“文学”特色缺乏到位的分析，导致在内容的选择与处理上偏向于为主题服务，对故事自身的文学美感考虑欠缺。在教育过程中，只注重社会性教育的价值，忽略了文学作品的文学美感对儿童的熏陶价值，背离了文学活动要“学文学”的核心目标，使得教育的效果大打折扣。

为了使幼儿文学教育走出上述误区，我们编写了这本《幼儿园语言教育资源——文学作品分析》，本书按照诗歌、故事、散文三个幼儿文学体裁选择能体现该体裁特点的文学作品，对每一个作品都从教育价值、表现手法方面进行了详尽的分析，并针对作品提出了活动设计方面的教育建议，旨在帮助幼儿教师提升自身的文学素养，更好地体悟文学作品，充分发掘文学作品所蕴含的核心经验并有效地传递给幼儿，提高幼儿园语言教育的质量。因此本书既可以作为学前教育专业学生和幼儿园一线教师的参考用书，又可以作为家长进行家庭教育的指导用书。

本书的具体编写分工如下。故事部分，由王敏编写。诗歌部分，儿歌由车轶编写；幼儿诗由吴海波编写；古诗由孙茜编写。散文部分，抒情散文由于磊编写；叙事散文由林子涵编写。

感谢所有参与工作的教师们；感谢刘昕教授在这本书的创意和编写过程中的全力支持与帮助以及定稿过程中的悉心审阅；感谢大家的通力合作，使这本书能顺利出版。同时欢迎各位老师、同学在使用过程中提出宝贵意见，以使本书更趋完善。

编者

2016 年 6 月

目录

故事

诗歌

儿歌

幼儿诗

叙事散文

故　事

胆小先生

有一位先生，住在一座漂亮的房子里。因为他的胆子很小，大家给他起了个名字，叫胆小先生。

一天，一只大老鼠闯进了他的房子，胆小先生马上去捉，结果在地下室捉住了它。“你放了我，”大老鼠挣扎着说，“我要是一跺脚，整个房子就塌了。”

胆小先生害怕了，忙放开了它，还允许它住在地下室里。地下室里吃的东西很多，大老鼠吃呀、喝呀，非常开心。后来，大老鼠生了一窝小老鼠，小老鼠又长成了大老鼠……很快，地下室住满了老鼠。

“不行，不行，”大老鼠冲着胆小先生嚷嚷，“这么多老鼠住在这么一个小小的地下室，而你一个人住这么多的房间，太不合理了，得换。”

“换房子？”胆小先生大吃一惊。

“对，换房子！”老鼠们齐声说。胆小先生又害怕了。

房子换了，胆小先生住进了地下室，老鼠们住进各个房间。它们在宽大的客厅里唱呀、跳呀，在喷香的厨房里喝呀、吃呀，每天都像过节一样。

“你应该搬出去，”大老鼠又冲着胆小先生嚷嚷，“你干吗住在地下室，这么好的地下室你配住吗？”

“什么？”胆小先生着急地跺了一下左脚，“咚——”整个房子轻轻地抖动了一下。

“不！”胆小先生气愤地跺了一下右脚，“咚——”整个房子猛烈地摇晃了一下。老鼠们害怕了，它们个个抱头鼠窜，以为地震了。

“哦，原来我是很有力量的！”胆小先生抓起一把旧扫帚，这儿一扑，那儿一打，这儿一戳，那儿一捣，打得老鼠吱吱乱叫，逃走了。

胆小先生后来怎样了呢，小朋友能猜到吗？

胆小先生夺回了自己的房子，“唉，老鼠的脚那么小，我有什么好怕的！”胆小先生赶走了那么多的老鼠,他以后再也不胆小了。

（王铨美）

教育价值

本篇童话故事适合中班孩子阅读。勇敢既是一种精神力量,又存在于一系列具体的行为表现之中。勇敢者所需要的是认知、情感、行为的综合发展,勇敢是人格建构中不可缺少的组成部分。5～6岁的孩子认知能力、情感和意志能力处在发展过程中,常常会有害怕黑暗、害怕疼痛、害怕孤独、害怕寒冷、回避错误与困难等表现。这则童话故事的题目很吸引人,作品从胆小先生与老鼠的冲突开始,先着力写胆小先生的让步和老鼠的得寸进尺。但当胆小害怕与肆意妄为两个方面发展到极致时,情节突转,胆小先生在忍无可忍的情况下,对老鼠进行了反击,增加了胆量。作品的结尾既出乎意料,又在情理之中。此作品能使幼儿懂得遇到困难不害怕,要勇敢地面对,从而培养孩子们的勇敢品质。

表现手法

本故事语言生动有趣,以对话为主。通篇采用拟人化的修辞手法,赋予老鼠人的表情、动作及说话的口气。如,大老鼠挣扎着说,"我要是一跺脚,整个房子就塌了。""不行,不行,"大老鼠冲着胆小先生嚷嚷,"这么多老鼠住在这么一个小小的地下室里,而你一个人住这么多的房间,太不合理了,得换。""你应该搬出去,"大老鼠又冲着胆小先生嚷嚷,"你干吗住在地下室,这么好的地下室你配住吗?"这是大老鼠对胆小先生的三次大声嚷嚷。"嚷嚷"这个词语在句子中多次出现,活灵活现地再现了当时老鼠猖狂的样子,进而让孩子们浮想联翩。

本故事情节简单,构思奇特,采用对照式的讲述方式。胆小先生由一开始的胆小怕事,到后来发现自己的力量比老鼠强大,进而拿起扫帚奋起反抗,吓得老鼠们吱呀乱窜,让小朋友们捧腹大笑。

教学建议

1. 准备道具。上课之前教师准备大老鼠图片若干、人偶玩具一个以及积木搭成的楼房,并以谈话的方式导入,让幼儿猜猜这个房子的主人是谁,在这个房子里将会发生怎样的事呢……以激发孩子阅读故事的兴趣。

2. 教师在讲述"大吃一惊""抱头鼠窜"等词语时,可以采用肢体语言模拟,同时也可以鼓励幼儿来模拟,这样有助于幼儿了解故事情节,感受胆小先生的性格变化。

3. 针对作品中所体现出来的教育价值,教师可以采用示范和提问的方式,引导幼儿围绕话题讨论,如"谈谈自己哪些地方比较胆小。""你害怕什么?你想怎样克服它?要做一个勇敢的孩子。"

小花瓣

在碧绿的草地上,开着一朵花。

一朵金灿灿的小花,像是一张美丽的小脸蛋儿。

小花有10片小花瓣,她们紧紧地挨在一起,手拉手,肩靠肩,围成一个小圈圈。

风姐姐吹过这里,她说:"小花瓣,小花瓣,让我看一看,哪瓣最好看。"

10片小花瓣都摇晃着小脑袋说:"我们是平平常常的小花瓣,谁也不好看。"

风姐姐笑着说:"奇怪真奇怪,10片并不好看的小花瓣,围成了一张美丽的小脸蛋儿。"

在碧绿的草地上,开着一朵花。听了风姐姐的话,10片花瓣笑得多么甜……

(张秋生)

教育价值

这则童话故事清新甜美,没有过多广阔深厚的社会含义,只是让幼儿在听读的过程中感受其单纯质朴的美感。同时，它又是一个韵律感比较强的故事，能够激发幼儿的听觉敏感，易于记诵，对幼儿语言能力的发展有明显的促进作用。

表现手法

这则童话想象力丰富，运用比喻的修辞手法，把"一朵金灿灿的小花"比作"一张美丽的小脸蛋儿"；运用拟人的修辞手法来写10片小花瓣和风这两个形象，比如写10片小花瓣"紧紧地挨在一起，手拉手，肩靠肩""摇晃着小脑袋"回答风姐姐的问话，"10片小花瓣笑得多么甜"等，生动形象。同时，采用对话体的形式将两个形象恰当地组合在一起，从而产生了不同的艺术效果。

此外，这则童话并没有采用韵文体的形式，但在很多地方使用了含有"an"韵的字，它们有的放在句子的末尾，比如"蛋""肩""圈""看""甜"；有的嵌在句子中间，比如"灿""脸""片""圆"，从而带来了声韵上和谐的节律感。与此同时，这些字也与作品中含有"a"/"ai"/"ao"/"ang"等韵的字——"花""她""拉""开""挨""在""袋""怪""草""小""靠""好""笑""脑""像""张""让""晃""常"等构成了音韵上的呼应。这些声韵上相关的字词在如此短小的篇幅内高度集合，给这则童话带来了一种整齐而错落有致的韵律感。

教学建议

1. 在欣赏中，教师要注重引导幼儿反复诵读来感受作品的韵律之美。不要急着去分析作品中的形象和所要表达的思想内涵，以免破坏了作品的整体美感。

2. 在实践教学中，采用图画的方式来表现情感。教师引导幼儿采用不同的线条或者不同的颜色来表现不同的情感。比如在画10片小花瓣时，调动幼儿的想象，让其涂上不同的颜色，体验10片小花瓣像10个小朋友一样在一起玩耍的快乐情景。

大海那边

早晨,大海对面的天空呈现出美丽的玫瑰色。静静的海滩上,三只早起的小螃蟹挥动着大钳子在做体操。

一,二,咔嚓,咔嚓;三,四,咔嚓,咔嚓;五,六,七,八……就像是听从指挥一样。随着小螃蟹钳子的挥舞,玫瑰色的天空渐渐变成了金色。

"瞧! 瞧!"小螃蟹停止了做操。这时候,海面上突然冒出一个又大又圆的太阳。这里,那里,到处都像撒下了金色的粉末一样。

"啊,海那边是太阳的故乡。"一只小螃蟹说。

中午,三只小螃蟹在热得发烫的沙滩上比赛吹泡泡。噗噜噗噜,噗噜噗噜。这时候,一艘白轮船鸣着汽笛飞快地朝海对面开去。

"那艘船是去美国的,"另一只小螃蟹说,"所以海那边是美国。"

到了夜晚,三只小螃蟹在漆黑一片的海滩上散步。这时候海对面的天空忽然变亮了。小螃蟹们觉得波浪上仿佛架起了一座银光闪闪的桥,从海那边一直通到海滩上。噢,月亮升起来了。

这时候,第三只小螃蟹说:"海那边是月亮的故乡。"

大海那边到底是什么呢?

【日】冈本良熊　作

季颖　译

教育价值

《大海那边》是一篇富有童趣的童话故事。美丽的海滩景象、灿烂的色彩、三只小螃蟹对"海那边"的浪漫想象以及朗朗上口的语言共同营造了一份温馨的诗情画意:蓝色的大海作为背景,在早晨烘托出玫瑰色的朝霞和金色的太阳,美不胜收;中午,白色的轮船鸣着汽笛在蓝色的大海上向远方迅速开去,将人类共有的对“远方”的向往留给在沙滩上吹着泡泡的三只小螃蟹；而宁静的夜晚，月亮的神秘光芒不仅映照了大海的无边无际，更仿佛在波浪上“架起了一座银光闪闪的桥，从海那边一直通到海滩上！”文章不仅仅停留于此，最后一句“大海那边到底是什么呢？”这样的追问不仅是孩子的好奇，更是人类对未知、未来的永远追寻。通过童话语言所呈现出来的活泼、生动、有趣，让幼儿感知童话作品中浓浓的童真童趣。同时通过教师的层层引导，反复品味作品内涵，培养和发展幼儿的想象力。

表现手法

这则具有知识性和哲理性的幼儿童话在结构上分为三个部分，可以把这种结构称为“三段式的回环结构”，随着从“早晨”到“中午”再到“夜晚”的三次时间变化，大海的景色在发生变换，“大海那边是什么”的问题也有了三个不同的答案。童话的三个部分存在着故事内容、语言表达方面的不同之处，但又有着基本相同的故事语法和许多形式相近的句子。这样，在每一次故事的推进中，它一方面为幼儿提供了新的阅读挑战，另一方面又保持着十分整齐、严谨的结构。绝大多数幼儿可以十分顺利地发现和把握这一规律，从而顺利地理解故事。

此外，文章以两条线索贯穿全文，一是天空颜色的变化，二是小螃蟹的活动，这两条线索既有平行，又有交融，编织成了一幅幅生动活泼、有动有静的画面。早晨，天空呈现美丽的玫瑰色。静静的海滩上，三只早起的小螃蟹挥动着大钳子在做体操。随着时间的推移，玫瑰色的天空渐渐变成了金色。中午，三只小螃蟹在沙滩上比赛吹泡泡。到了夜晚，天空漆黑一片，三只小螃蟹在海滩上散步。

在描写三只可爱的小螃蟹和突然冒出海面的太阳、疾驰而去的轮船时，作者运用了很多动感十足的词语，让画面动静相宜；还精心地运用拟声词使小螃蟹们的活动变得有声有色：“一，二，咔嚓，咔嚓；三，四，咔嚓，咔嚓”，“噗噜噗噜，噗噜噗噜”；三次反复“海那边是……”具有诗歌反复吟唱的节奏感和抒情性。

教学建议

1. 欣赏小螃蟹的图片或相关的科普短片，探索感知小螃蟹的形象，比如小螃蟹多脚、会吐泡泡、有小钳子、横着走路等。幼儿通过自主观察可以更直观地了解作品中写到的小螃蟹发出的“咔嚓，咔嚓”“噗噜噗噜”的声音以及挥舞着小钳子、在沙滩上吹泡泡的场景。

教师可以给幼儿普及一些与小螃蟹相关的知识，比如会吐泡泡这种现象是由螃蟹独特的呼吸方式引起的。螃蟹用腮呼吸，当腮里的水渐渐减少时，它会抽动嘴和腮以吸收水分，同时吸进大量的空气，空气与腮里的水混合，便形成了气泡；小钳子的用途是捕食、挖洞等。

同时，鼓励幼儿通过自己的肢体语言来表演小螃蟹走路的样子；通过形象化的语气、语调来模仿“咔嚓”“噗噜”等声音，让幼儿深入体会作品所展现出来的独特声色感。

2. 以绘画的形式将作品中所呈现的三幅场景表现出来：一是早晨，玫瑰色的天空下，太阳从海面上一跃而出，到处都像撒下了金色的粉末，三只小螃蟹挥动着大钳子在沙滩上做体操；二是中午，一艘白轮船鸣着汽笛飞快地朝海对面开去，三只小螃蟹在沙滩上吹泡泡；三是夜晚，在漆黑的沙滩上散步的小螃蟹看到海对面的天空在月亮的映照下一下子变得银光闪闪。教师引导幼儿发挥想象力，画出三幅场景，并涂上相应的颜色，让幼儿在具体的操作中感知作品的意境美、诗意美。

甜甜的手掌

住在北边的小黑熊用大手掌把苹果捏碎，揉呀揉呀。小黑熊说：“我要让手掌变得甜甜的，有股苹果味。”

住在南面的小棕熊用大手掌把草莓捏碎，揉呀揉呀。小棕熊说：“我要让手掌变得甜甜的，有股草莓味。”

有了甜甜的手掌，两只小熊去冬眠了。

小黑熊住进了一个大树洞里。

一会儿，小棕熊也住进了大树洞里。

两只小熊头碰头，躺下来。

你看看我，我看看你，两只小熊都在想："是苹果味的好呢，还是草莓味的好呢？"

小黑熊说："我的苹果味给你尝尝。"

小棕熊说："我的草莓味给你尝尝。"

舔着甜甜的手掌，两只小熊都睡着了。

（冰波）

教育价值

《甜甜的手掌》讲述了一个甜美温馨的故事。作者用饱蘸童真童趣的笔，细腻地描画了两只可爱的小熊。它们把水果的香味揉进手掌，带着甜甜的手掌去冬眠；两只小熊手掌上散发出来的不同香味激发着它们的好奇心，让它们彼此吸引，相互靠近。最后，它们相互舔着对方的手掌，紧紧依偎着酣然入梦。

听完故事，也许孩子会问："用手掌把苹果捏碎，手掌真的会变得甜甜的吗？"那就不妨让孩子动手做个实验，让他们自己去寻找答案。教师还可以给孩子补充一些相关知识：青蛙、蛇、蝙蝠等动物和熊一样都要冬眠，它们在秋天时会吃很多的东西，到了冬天就不吃不喝地睡大觉了。

本故事篇幅短小，主题简单，适合两到三岁的孩子。同时，作品所体现出来的趣味性和质朴性能够带领幼儿进入一种纯真明净的境界，也在一定程度上培养了幼儿良好的听读和思考习惯。

表现手法

这则童话故事中关于小黑熊和小棕熊的叙述采用的是相同的句式，只有少量词语的替换，它们在故事里轮流出现，以幼儿可以把握和理解的节奏，有规律地向前推进，构成了故事结构上的韵律感。这样节奏分明的故事结构有利于幼儿读者顺利进入故事的情境，也有助于其注意力的集中。

此外，作品在描绘小熊的形象时，是通过动作化、稚拙化的语言和行为来表现的，小熊们把水果的香味揉进手掌里，再带着甜甜的手掌冬眠，寥寥数语就将孩子的心理、生活中的稚拙情态表现得淋漓尽致。

教学建议

1. 教师在讲述这个故事时，可以抓住语言的动作性，重读几个词语，如“捏碎”“揉”“舔”等动词，将小熊调皮、活泼、有趣、可爱的样子呈现出来。

2. 让幼儿亲自体验“把苹果（或草莓）捏碎，手掌变甜，有股苹果（或草莓）味”的有趣过程。

长腿七和短腿八

长腿七的两条腿有七尺七寸长。短腿八的两条腿只有一尺八寸长。

长腿七住在第七村第七街第七号，短腿八住在第八村第八街第八号。

长腿七和短腿八两人是好朋友。

长腿七喜欢穿长长的牛仔裤，短腿八喜欢穿短短的短裤头。

长腿七住的是高高的高房子，短腿八住的是矮矮的矮屋子。

长腿七睡高床，用高桌子高板凳。短腿八睡矮床，用矮桌子矮板凳。

长腿七固定在每个月的第七天去找短腿八吃午饭。短腿八也固定在每个月的第八大去找长腿七吃午饭。

长腿七从第七村走到第八村只要走七分钟，短腿八从第八村走到第七村要走八小时。

长腿七请短腿八吃午饭这一天，短腿八半夜就要出门赶路。轮到短腿八请长腿七吃午饭这一天，长腿七要等短腿八煮好八个菜才出门。

短腿八在长腿七家里吃完了午饭要立刻走，走到晚上8点才到家。长腿七在短腿八家里吃完了午饭可以一直玩儿，玩儿到晚上7点才回家。

长腿七要弯着膝盖，驼着后背，才进得了短腿八的矮屋子。短腿八要站在长腿七家的高板凳上，才吃得到高脚桌上的饭菜。

长腿七是裁缝师，缝衣针常常掉在地上捡不到，等短腿八来替他捡。

短腿八是种枣子的农夫，他爬上梯子也采不到树上的枣子，长腿七不用梯子一伸手就能采到枣子。

长腿七做一条裤子要用布约七尺七寸，短腿八做一条裤子只用布约一尺八寸。

长腿七替短腿八修屋顶，短腿八替长腿七刷地板。

长腿七的鞋带松了，短腿八替他系鞋带。大水来的时候，长腿七把短腿八扛在肩膀上。

长腿七喜欢捕捉树上的小知了。短腿八喜欢追逐草丛里的小蟋蟀。

每个月的第七天，短腿八在家忙里忙外，忙着招待长腿七来吃午饭。每个月的第八天，长腿七在家忙里忙外，忙着招待短腿八来吃午饭。

他们两个你来我往很密切。

长腿七对短腿八说："如果你不来，我的缝衣针掉满地。"短腿八对长腿七说："如果你不来，我的枣子没人替我采。"

长腿七对短腿八说："你的短腿真有用。"短腿八对长腿七说："你的长腿更有用。"

时间一年一年、一月一月地过去，长腿七和短腿八一直都是好朋友。

（木子）

教育价值

关于高与矮、长与短、大与小孰优孰劣的争论，是中国童话的常见主题，但很多作品都因为带有说教倾向而缺乏趣味。在童话《长腿七和短腿八》中，作者通过两个具有可比性的形象来完成奇巧的构思，在塑造这两个形象时运用拟人的修辞手法，将两个抽象的数字写活了，让孩子们从中体会“各有所长，取长补短”的含意。此外，作品还运用数字和语言的游戏为小读者创造了跳跃、变幻的阅读趣味。

表现手法

本篇童话故事按照符合人们逻辑思维方式的方法创设情境，适合大班的孩子。

故事的开始部分采用夸张、变形、拟人的写作手法创造了两个浑身透着喜剧味儿的童话角色：长腿七和短腿八。在故事情节的构造上采用对照的方式显示出了两个形象的极大反差，使故事的推进一直处于一种极不协调的滑稽状态中。长腿七和短腿八在外形、生活喜好等方面都有很大的差别，长腿七的两条腿有七尺七寸长，喜欢穿长长的牛仔裤，住的是高高的高房子，睡高床，用高桌子高板凳，喜欢捕捉树上的小知了；而短腿八的两条腿只有一尺八寸长，喜欢穿短短的短裤头，住的是矮矮的矮屋子，睡矮床，用矮桌子矮板凳，喜欢追逐草丛里的小蟋蟀。尽管两个人在外形和生活习性上有很多差别，但这并不影响两人成为好朋友，直到故事结束，他们之间都没有发生任何争论，而是你来我往很密切：“时间一年一年、一月一月地过去，长腿七和短腿八一直都是好朋友。”他们取长补短，在生活中相互帮助，长腿七帮短腿八修屋顶，采枣子，大水来了会把短腿八扛在肩上。而短腿八替长腿七刷地板、捡缝衣针、系鞋带，两个朋友相处得非常和谐。作者在作品情节的巨大反差中始终在寻求、把握、表达人物之间内在精神和情感上的沟通、协调和平衡感，这是人性中最美丽、最真实的东西。

此外，作品还借鉴了传统儿歌中绕口令的艺术手段，大量运用叠字叠词和重复运用某种字、词、句式，给读者的阅读过程带来了很强的趣味性。如长腿七对短腿八说：“如果你不来，我的缝衣针掉满地。”短腿八对长腿七说：“如果你不来，我的枣子没人替我采。”长腿七对短腿八说：“你的短腿真有用。”短腿八对长腿七说：“你的长腿更有用。”

教学建议

1. 教师准备相应的道具，比如准备五个由高到矮的布偶玩具、五个由长到短的铅笔，引导幼儿按照从高到矮、从长到短的顺序进行排序，帮助幼儿在具体的操作中理解“高与矮”“长与短”的意思。

2. 木桶实验：教师准备一个木桶（这个木桶由一些长短不一的活动木板镶嵌组成），然后往木桶里倒水，当水面与最低的木板等高时，接着往水桶里倒水，让幼儿观察接下来发生什么现象；当水面与最低的木板等高时，停止倒水，任意抽取一块木板，让幼儿观察接下来发生什么现象。通过这个实验让幼儿体会“各有所长，取长补短”的含意。

3. 图画表达：教师引导幼儿将作品中所描绘的“长腿七”和“短腿八”的不同形象“长腿七的两条腿有七尺七寸长，喜欢穿长长的牛仔裤，住的是高高的高房子，睡高床，用高桌子高板凳，喜欢捕捉树上的小知了；而短腿八的两条腿只有一尺八寸长，喜欢穿短短的短裤头，住的是矮矮的矮屋子，睡矮床，用矮桌子矮板凳，喜欢追逐草丛里的小蟋蟀”以绘画/图画的形式展现出来，让幼儿更形象直观地了解这两个形象。

大老鼠找小老鼠

有一只大老鼠，想找它的好朋友小老鼠。

它来到一间大房子前面，门是关着的，于是，大老鼠敲敲门说：“咚咚咚，请问这是小老鼠的家吗？”

大象走了出来，摇摇头说：“不是，不是，小老鼠的家在里面呢！”

大老鼠听了很高兴，连忙跑到第二间房子前面，敲敲门说：“咚咚咚，请问这是小老鼠的家吗？”

小熊走了出来,摇摇头说:“不是,不是,小老鼠的家在里面呢!”

大老鼠来到第三间房子前面,敲敲门说:“咚咚咚,请问这是小老鼠的家吗?”

小羊走了出来,摇摇头说:“不是,不是,小老鼠的家在里面呢!”

大老鼠来到第四间房子前面,敲敲门说:“咚咚咚,请问这是小老鼠的家吗?”

小鸭子走了出来,摇摇头说:“不是,不是,小老鼠的家在里面呢!”

大老鼠来到第五间房子前面,敲敲门说:“咚咚咚,请问这是小老鼠的家吗?”

小老鼠听了连忙跑了出来,大声地喊道:“是的,是的!”

大老鼠终于找到了小老鼠,它们紧紧地拥抱在一起,可开心啦!

大老鼠拿出礼物说:“小老鼠,祝你生日快乐!”

教育价值

这篇幼儿故事内容浅显,结构简单,情节有趣。通过简单重复的礼貌对话,讲述了大老鼠与小老鼠之间的友爱,适合小班的孩子。通过这则故事,感受大老鼠与小老鼠之间的友情,可以让幼儿懂得如何与人相处,在愉快的情绪中学习礼貌用语。

表现手法

故事在情节上以“找”为线索,贯穿始终,是一个富有游戏趣味的故事。

“寻找”对于小朋友来说是一件非常快乐的事情,在寻找的过程中,能够激发小朋友们的好奇心。“找”体现了幼儿的游戏性特征,大老鼠来找小老鼠,就像现实生活中的“捉迷藏”游戏一样生动有趣。此外,大老鼠在找小老鼠时先后到了大象的家、小熊的家、小羊的家、小鸭子的家、小老鼠的家,作者按照从大到小的顺序写,也在一定程度上传达了一些简单的生活常识,即大象、小熊、小羊、小鸭子和小老鼠的体形是不同的,因此它们的家也不同。

故事采用了重复的写作手法,具体体现在语言上,就是两句话“咚咚咚,请问这是小老鼠的家吗?”“不是,不是,小老鼠的家在里面呢!”相同的语句重复了四次,营造了语言形式上的游戏性和故事结构上的韵律感,使短短的故事像一支回环的曲子,以幼儿可以把握和理解的节奏,有规律地向前推进。这样有规律的故事结构有利于幼儿读者顺利进入故事所设置的情境,也有助于幼儿注意力的集中,同时也能极大地满足孩子们简单的记忆经验。

教学建议

1. 教师在讲述故事前,抓住“找”这个线索,准备一些道具:五间由大到小的房子、五只由大到小的动物的图片、大老鼠手偶,并在道具的摆置上做一些思考,以达到辅助故事讲述的目的。

比如可以将五间房子和五只小动物按照故事讲述的顺序,以“俄罗斯套娃”的形式摆置在一起,由此构成悬念,激发幼儿听读故事的兴趣。

还可以设置一个“找一找,排一排”的游戏环节,让小朋友们把五只小动物和五间小房子对号入座,然后按照由大到小的顺序排列好,进而理解词语“越来越小”的意思。

2. 教师在讲述故事的过程中,抓住故事中反复使用的两句话“咚咚咚,请问这是小老鼠的家吗?”“不是,不是,小老鼠的家在里面呢!”“咚咚咚”这三个字运用了拟声的手法,教师可以用“重音”的语调结合肢体语言表演出来并鼓励幼儿学习大老鼠敲门的声音,以此引导幼儿学会礼貌用语。

3. 教师帮助并引导幼儿模仿小象、小熊、小羊、小鸭子、小老鼠的叫声,区分动物们的形象,了解动物们的生活习性。

4. 针对故事内容所讲述的大老鼠来找小老鼠的目的是送生日礼物,教师可以采取谈话的方式,让幼儿体会朋友之间的美好友情。比如,教师可问:“大老鼠为什么找小老鼠?”“小老鼠收到礼物非常开心,应该对大老鼠说些什么呀?”“当你的朋友过生日时,你会准备礼物吗?”等等。

鹅大哥出门

鹅大哥一摇一摆地走出门去，来到池塘边，看见自己的倒影，心里乐滋滋地想："瞧，我多漂亮啊，红红的帽子，雪白的羽毛，谁也比不上！"

鹅大哥真神气，大步大步往前走。看见一群小鸡，它大声嚷嚷："让开，让开！你们这些小东西。"看见一群小鸭，又大声嚷嚷："走开，走开！你们这些小不点。"

鹅大哥越来越神气，它把胸脯挺得高高的，脑袋抬得高高的，眼睛望着天，连前面有个大泥坑也没看见，"扑通"一声，掉进了泥坑里。大白鹅变成了大黑鹅，这下它可就神气不了啦！

教育价值

本篇故事适合中班的孩子，故事选用了小朋友生活中比较熟悉并喜欢的大白鹅为主要角色，讲述了一只大白鹅骄傲不懂礼貌的故事，特别是鹅大哥之前"红红的帽子，雪白的羽毛"和之后"大黑鹅"的对比。在生活中我们常常会遇到一些自高自大的人，现在独生子女较多，比较以自我为中心，这个故事正好可以教育幼儿使用礼貌的语言与人交往，养成文明交往的习惯。

表现手法

作品运用拟人的手法，对鹅大哥进行了人格化的处理。在描绘鹅大哥的形象时，一是采用心理描写，如鹅大哥在池塘边看见自己的倒影时，心里乐滋滋地想："瞧，我多漂亮啊，红红的帽子，雪白的羽毛，谁也比不上！""乐滋滋"这个词语将鹅大哥骄傲自大的心理展露得淋漓尽致。二是采用语言描写，如鹅大哥往前走时，看见一群小鸡，它大声嚷嚷："让开，让开！你们这些小东西。"看见一群小鸭，又大声嚷嚷："走开，走开！你们这些小不点。""大声嚷嚷"以及"让开，让开！”这些词语直接显示出鹅大哥不懂礼貌。把小鸡小鸭们说成“小东西”“小不点”，可以看出鹅大哥目中无人。三是采用动作描写，如鹅大哥走路的样子是“一摇一摆地走出门”“大步大步往前走”“把胸脯挺得高高的，脑袋抬得高高的，眼睛望着天”，这些语句直接将鹅大哥高傲自满的样子刻画了出来。

除此之外，作品在故事情节的叙述上还采用了对比的手法，把之前骄傲自满的“大白鹅”和掉到泥坑里的“大黑鹅”对比，让幼儿明白“做人做事要谦虚，不能太骄傲”的道理。

教学建议

1. 教师准备皮影戏道具鹅大哥、小鸡、小鸭及背景等，边表演皮影戏边讲述故事，然后提问：鹅大哥出门来到哪儿？它是怎样想的？它碰到了谁？说了些什么？又碰见了谁？是怎样说的？最后怎样了？引导幼儿在回答这些问题的过程中讲述鹅大哥为什么会有这个结果，应该怎样做，随即对幼儿进行情感教育。

2. 通过对词语或个别语句的讲述或表演，让幼儿理解故事内容及鹅大哥的形象。

如针对描写心理的词语“乐滋滋”，教师可以让幼儿想象“乐滋滋”的样子，并用神情表现出来；针对描写动作的词语或语句：“一摇一摆”“大步大步往前走”“把胸脯挺得高高的，脑袋抬得高高的，眼睛望着天”，教师可以指导幼儿以表演的形式把这些动作表演出来；针对描写语言的词语“让开，让开！”教师可以以模仿鹅的声音、语调的形式让幼儿理解这些语句的含义。

3. 分角色游戏，让幼儿扮演角色，在游戏中学会复述故事，在情境中体验。

如教师分别准备鹅大哥、小鸡、小鸭的头饰，将幼儿带入故事设置的情境中，并模仿鹅的神情、动作、语调等。

会走路的鸟窝

小鹿的角儿像树杈。鸟妈妈飞来，在树杈上做窝，小鹿一动也不动。窝做好了，鸟妈妈在窝里生蛋，小鹿一动也不动。鸟娃娃出壳了，叽叽喳喳，鸟妈妈赶紧出去找吃的。

下雨了，小鹿怕雨点淋湿了鸟娃娃，就走到树下躲雨。雨停了，小鹿走到草坪上晒太阳，让鸟娃娃看美丽的彩虹。

鸟妈妈回来了，心里很奇怪：鸟窝为什么会走呢？她仔细一看，什么都明白了。鸟妈妈说："小鹿，真对不起，我不知道是你。"小鹿笑嘻嘻地说："没关系，看到这些可爱的鸟娃娃，我太高兴了！"

教育价值

这篇故事很简单，适合小班的孩子。故事描写的是一个非常粗心的妈妈，它竟然把小鹿的角当作树杈，幸运的是这是一只善良的小鹿，小鹿在鸟妈妈生蛋孵蛋的时候一动不动，当鸟妈妈外出觅食的时候躲雨、晒太阳。故事情节具有趣味性，非常符合幼儿的心理特征；语言简洁明了，易于儿童理解；结构短小精悍，易于幼儿朗读。阅读故事，理解作者的巧妙构思，可以引导幼儿体验故事的趣味性，激发幼儿爱护鸟类的情感，树立环保意识。阅读故事后，可以为孩子提供多种题材和内容的书籍，如与动物、植物等有关的图书，引导孩子了解各种有趣的现象，激发儿童的好奇心和求知欲。

表现手法

这是一篇充满了浓郁幼儿情趣的故事，在风趣幽默中谱写了一曲爱的赞歌。

故事以"会走路的鸟窝"为题目，本身就抓住了幼儿的好奇心，激发了幼儿的想象力。

开头采用比喻的修辞手法，把故事情境架构在一个有趣的想象之上，把"小鹿的角"比作"树杈"，接下来的故事都在这一活泼生动的想象中进行，鸟妈妈在角上做窝生蛋抚育鸟娃娃，小鹿怕淋湿鸟娃娃到树下躲雨，雨停后，小鹿走到草坪上，让鸟娃娃看美丽的彩虹 。

教学建议

1. 教师引导幼儿以“动物的角”为主题开展知识探索活动，比如有针对性地提问“哪些动物长有角？”“动物的角都长什么样子？”或者出示图片让幼儿回答“图片上展示的是哪种动物的角？”

2. 教师引导幼儿以绘画的形式展示“会走路的鸟窝”（即小鹿头上的鸟窝），或者让幼儿利用废旧材料手工制作鸟窝，使幼儿在具体的实验操作中直观感受故事内涵，体验趣味性。

3. 教师带领幼儿开展“木头人”的游戏活动，“我们都是木头人，不能说，不能笑，也不能动，不能叫，我们都是木头人，看谁做得最最好”，在反复念唱口令中，让幼儿一方面充分体验游戏的快乐性，另一方面体会小鹿关爱小鸟宝宝的美好情感。

4. 故事迁移活动“帮帮小熊”，让幼儿在活动中进一步体验帮助他人的快乐。

教师提前准备小熊道具、大树道具。

活动开始，教师创设下雨情境，播放律动音乐，带领幼儿做动作散步。

师：下雨啦，来来来，我们到大树底下躲雨吧！……咦，大树底下有谁呀？这只小熊怎么啦？这只受伤的小熊可能迷路啦，我们应该怎么办呢？

生：……

知识补充

角不仅是鉴别动物品种的重要依据之一，而且是动物攻击敌人和自卫的武器。有些动物的角还是极其珍贵的中药材。就其形状的千姿百态而言，角又是动物头上美丽的装饰品。

在家畜中，只有牛和羊的头上长角，而在野生动物界却到处可以看到长角的动物。昆虫中长角的也不少，独角仙就是典型例子；蜗牛的一对触角可以伸缩，是探测周围环境和寻找食物的重要感觉器官；古巴牛蛙是长有角的青蛙。鸟类的角比较特殊,有的是肉质的,如灰斑角雉或红腹角雉;有的以羽毛成角,褐马鸡拥有由两簇耳羽形成的双角,故又名角鸡。哺乳动物的角最有意思,凡食肉动物和杂食动物都不长角,食草动物中有的长角,而且动物品种不同,角形、排列方式和角质差异很大。高大的长颈鹿一生下来就长有角,不论雌雄,每只鹿的头上都长有五个角,即前角一对,后角一对,还有额角一个。名贵中药材犀角产在犀牛的头上,重达两吨的白犀的双角在头前中央,呈前后排列,它的颈部短粗、左右活动不灵活,欲调头就得全身转动,两个粗壮的角可以向前冲刺,犀牛在格斗时总是前后活动与这有关。犀牛的角为皮肤的衍生物,是长在皮肤上的,所以用手左右扳时可以感到角在移动。梅花鹿、马鹿与黑鹿等都是只有公鹿才长角,唯驯鹿雌雄皆有角。鹿角的分叉数目与年龄和品种有关,每年都要更新一次,每到清明时节,旧鹿角先后脱落,长出柔软丰满的新角,有的外边还有茸毛。这种角质柔软呈海绵状、富含大量血液,人们所指的鹿茸就是它。但长到一定的阶段,鹿茸就开始由下而上逐渐骨化,外边一层皮不断脱落,从而变成了坚硬的鹿角。岩羊和黄羊虽然公母都有角,但公羊的角显著比母羊的大,一只公羊的双角往往重达上百斤,让人们望而生畏。

长长的花袜子

小床下面扔着一只花袜子。夜里,花袜子让一只大老鼠拖走了。

大老鼠回到家里,对小老鼠们招招手,大声喊:“快来看呀,我捡到一只漂亮的大布袋!”

“我要!我要!”小老鼠们呼啦一下全跑来抢花袜子。拉呀,拉呀,花袜子被拉得长长的,一直拖到了门边。

“别吵!别闹!”大老鼠说,“我拿它当车子,送你们到大树下去玩,好吗?”

“好呀,好呀!”小老鼠一只跟着一只,钻进了长长的花袜子里。大老鼠背起花袜子就跑,嘴里喊着:“呜呜!长长的花车子开啦!”

大老鼠一边跑一边唱:“呜呜呜,呜呜呜! 车子跑得快又快。呜呜呜,呜呜呜! 过了一站又一站……”

“司机,司机!”小老鼠们问,“大树到了吗?”“没到,没到。”大老鼠一边跑,一边回答。“到了吗,到了吗?”小老鼠们又问。“没到呀,没到呀!”大老鼠一边跑,一边回答。“怎么还没到? 这么远!”小老鼠们伸了伸懒腰,打起哈欠来,“车子没有窗,黑洞洞的,看不见外面。”

“开窗,开窗!”小老鼠们用尖尖的牙齿咬破了花袜子。哈哈,哈哈! 一扇扇窗子开了,小老鼠一只一只伸出了小脑袋,一双双小眼睛眨啊眨,瞧啊瞧:“啊,大树快到了!”

“呜呜! 到站了!”大老鼠放下了花袜子,喊,“大家快下车吧!”啊! 小老鼠们从花袜子上的洞洞里钻了出来,一只跟着一只,跑到大树下去玩了。

天亮了,不知是谁拾起了花袜子,把它挂在大树的树枝上。大家见了都很奇怪:咦? 一只新的花袜子,怎么会有这么多洞洞呢?

(改编自野军的同名童话)

教育价值

这篇童话故事趣味性比较强,适合小中班的幼儿。

游戏与玩乐是孩子们的天性。幼儿文学的“娱乐性”如同食品的添加剂,能增强作品的趣味性,更好地吸引小读者。这篇童话是典型的动物童话故事,以一群小老鼠用袜子玩“开火车”游戏的情景,把小读者带入了一个玩乐的天地。这篇作品比较符合生活实际,想象比较合理,呈现出一个热闹欢乐的场面。作者不是通过直接描述现实生活来传达主题,而是借助比喻和拟人的手法创设童话情境,间接而充满趣味地折射现实,这样更能使幼儿读者感受到阅读的快乐。

同时,作品的寓意也比较明显,通过有趣的故事叙述,能帮助幼儿养成良好的生活习惯,知道自己的东西要摆放整齐。

表现手法

1. 想象。故事创设了一个有趣的情境,这种想象的情境建立在合理的思维逻辑之上。老鼠体形比较小,袜子能够拉长,因此小老鼠们可以钻到长长的袜子里玩“开火车”的游戏。

2. 拟人。在故事中作者采用拟人的艺术手法把大老鼠和小老鼠充分人格化,它们像人一样交谈,像人一样思考,并且具有人类的情感和品质。因此,我们看到作者所描绘的不仅仅是动物们的世界,而且也是孩子们的日常生活和游戏的世界。一群小老鼠之所以能够赢得孩子们的喜爱,是因为作者在描绘这些小老鼠的形象时在它们身上融入了孩子的心理特点,它们的稚拙、可爱以及种种缺点恰恰是儿童天性的反映。比如小老鼠们伸了伸懒腰,打起哈欠来,小眼睛眨啊眨,瞧啊瞧,写出了小老鼠的稚拙、可爱。再比如小老鼠们反复追问大老鼠:“到了吗,到了吗?”揭示了孩子们迫不及待的心理,在它们身上孩子们能够找到自己的影子,获得心理和情感上的认同。同时,作者在运用拟人的修辞手法塑造这些老鼠的形象时,也兼顾了其动物性的一面。小老鼠们虽然看起来和普通的孩子们一样天真可爱,但是它们确实是一群老鼠,有尖尖的牙齿和小小的眼睛。

3. 比喻。在作品中作者采用比喻的艺术手法将老鼠们眼里的“长长的花袜子”看作一列长长的花车子,接下来发生的故事都是在这种假设的情境中进行的,大老鼠带领小老鼠们开着长长的花车子到大树底下玩耍,非常形象直观。

4. 拟声。作者运用拟声词来摹写听觉,调动幼儿的听觉直感,从而唤起其对事物具体形象的记忆和想象。如“小老鼠们呼啦一下全跑来抢花袜子。”“呜呜! 长长的花车子开啦!”“呜呜呜,呜呜呜! 车子跑得快又快。呜呜呜,呜呜呜! 过了一站又一站……”其中,“呼啦”“呜呜呜”都是拟声词,通过拟声,作品描述的情状显得十分逼真,从听觉上直接唤起了形象的动态,凸显了描绘的对象。

5. 反复。使童话构思的特点是动作性较强,内容简洁、浅显,运用了幼儿童话的反复式手法。比如“拉呀,拉呀”“我要! 我要!”“司机,司机!”“没到,没到”“到了吗，到了吗？”“没到呀，没到呀！”“开窗，开窗！”同一个词语的反复使用，增强了作品的韵律感。同样，“哈哈，哈哈！一扇扇窗子开了，小老鼠一只一只伸出了小脑袋，一双双小眼睛眨啊眨，瞧啊瞧”中运用叠词“一扇扇”“一只一只”“一双双”，激发幼儿的听觉敏感，不仅使作品的幽默感增强，而且便于幼儿记忆和复述。

教学建议

1. 教师准备小老鼠布偶玩具（或者是小老鼠图片）、实物袜子，让小朋友们观察小老鼠的样子，并引导幼儿说出小老鼠“小”的特征，比如身体小、脑袋小、眼睛小等，进而想象小老鼠钻进小小的袜子里的情形。

2. 进行游戏活动“开火车”，模拟故事场景。教师准备一个类似袜子形状的大口袋，让幼儿一个个钻到口袋中，玩“开火车”的游戏，并引导幼儿说出类似故事中的话语，如“呜呜！长长的花车子开啦！”“呜呜呜，呜呜呜！车子跑得快又快。呜呜呜，呜呜呜！过了一站又一站……”或者让幼儿在游戏的过程中独立续编故事。这样既能让幼儿感受故事的趣味性和想象性情境，也能让幼儿在游戏活动环节中增强语言表达能力。

3. 幼儿良好生活习惯的养成。教师结合生活经验与幼儿进行谈话，比如“如果你是袜子的主人，你会怎样爱护自己的袜子呢？”“我们应该怎么整理自己用过的东西呢？”通过问答，让幼儿懂得自己的东西要自己收拾好，不能随便乱扔，做个爱整洁的好孩子。

小鸭子毛巾

托儿所新买了许多小鸭子毛巾，一块一块排好队，挂在雪白的墙上，真好看！小朋友都围在小鸭子毛巾前，一会儿用手摸摸，毛茸茸的；一会儿用嘴亲亲，香喷喷的，可高兴啦！

佳佳指着第一块说:“佳佳喜欢红的小鸭子。”

冬冬指着第三块说:“冬冬喜欢黄的小鸭子。”

阳阳也说了,多多也说了,小朋友们都说了。

可是,小朋友午睡起来,伸伸懒腰,揉揉眼一看,小鸭子毛巾怎么不见了?小朋友可着急了,小鸭子毛巾没有了,大家用什么洗脸擦手呢?吃过饭不洗脸,像只小猫咪,多难看呀!

佳佳看着空空的白墙说:“小鸭子毛巾一定是在我们睡着的时候躲起来了。”

“那我们快找找吧!”大家说。

小朋友找呀、找呀,找到玩具架。布娃娃摆着小手,好像在说:“没有!没有!”

小朋友找呀、找呀,找到活动室。长颈鹿扭过脖子,好像在说:“没有!没有!”

小朋友找呀、找呀,找到操场上。小木马摇着铃铛,好像在说:“没有!没有!”

找到这儿,这儿也没有;找到那儿,那儿也没有。小朋友又急又累,汗都出来了。

冬冬忽然指着小窗说:“哎呀!窗没有关,小鸭子毛巾会不会飞走了?”

大家说:“不!小鸭子不会飞的,小鸟才会飞呢!”

佳佳忙说:“小鸭子大概到河里去洗澡了。我们到小河边去把它们叫回来吧!”

小河在哪里呢?小朋友都不知道呀!

冬冬说:“我们就站在门口朝外面喊,小鸭子听见了一定会回来的。”

小朋友都说:“好!好!我们一起喊,叫小熊、花猫、大象们都来,喊得很响很响。”

“小鸭子毛巾,快——回——来!”

“小鸭子毛巾,快——回——来!”

小朋友喊呀喊,咦?小鸭子毛巾真的回来了,它们全在阿姨的手里,叠得整整齐齐,洗得干干净净。大家一下子把阿姨围住了,踮起脚,亲热地叫着:"小鸭子毛巾!小鸭子毛巾!"

佳佳问阿姨:"小鸭子去河里洗澡了对吗?"

冬冬问阿姨:"小鸭子听见我们的喊声了吗?"

阿姨把小鸭子毛巾一块一块挂好了,就全告诉小朋友了。

原来,刚才有的小朋友手也不洗,就往小鸭子毛巾上擦。小鸭子看见自己身上被弄得这么脏,都在生气。阿姨看见了,就给它们洗干净了,又晒了晒太阳。

小朋友听着、听着,眨眨眼睛,望望小鸭子毛巾,对阿姨说:"阿姨,你真好!"

小朋友听着、听着,看看手儿,再望望小鸭子毛巾,对阿姨说:"我们再不弄脏小鸭子毛巾了。"

佳佳走向第一块红鸭子毛巾,大声说:"红鸭子,你别生气了。"

冬冬走向第三块黄鸭子毛巾,大声说:"黄鸭子,你不要走了。"

一阵风儿吹来,小鸭子毛巾一飘一飘。大家"啪啪"地拍起手来:"看呀!小鸭子高兴了。看呀!小鸭子跳舞了。"

(郑春华)

教育价值

故事取材于幼儿真实的生活,适合于小中班的孩子。故事讲述了托儿所的墙上挂满了可爱的小鸭子毛巾,小朋友们都特别喜欢这些毛巾。可是小朋友们午睡醒来,奇怪的事情发生了,小鸭子毛巾不见了,有的说小鸭子毛巾飞走了,有的说小鸭子毛巾洗澡了。于是大家一齐站在门口大喊:"小鸭子毛巾,快——回——来!"最后小鸭子毛巾回来了,原来是阿姨把小鸭子毛巾收起来洗了。找到小鸭子毛巾的小朋友们勇敢地承认错误"再不弄脏小鸭子毛巾了"。故事中充满了天真的意趣。这种对于孩童天真意趣的表现,使得这篇故事不仅能够吸引幼儿的兴趣,同时令人读来回味无穷。作者在对故事情节进行趣味化的过程中,也对幼儿进行了一次潜移默化的关于讲卫生的好习惯的培养和知错能改,及时向别人道歉的教育。

表现手法

1. 稚拙美。作品采用孩子的思维方式进行构思,充满浓郁的幼儿情趣,比如,在描写小朋友对小鸭子毛巾的喜爱之情时,写道小朋友们都围在小鸭子毛巾前,一会儿用手摸摸,一会儿用嘴亲亲。当小鸭子毛巾不见时,他们都在着急地找小鸭子毛巾,有的小朋友说小鸭子毛巾趁他们睡着的时候躲起来了;有的小朋友说小鸭子毛巾飞走了,还有的小朋友说小鸭子毛巾去河里洗澡了。他们还站在门口呼喊"小鸭子毛巾,快——回——来!"可以说,作者从幼儿特有的心理、行动、思想、情感等方面充分展现了幼儿的稚拙美。

2. 拟人化。孩童的思维是以自我为中心的思维,他们往往赋予把人类以外有形或无形、具体或抽象的客观存在赋予人的思想、情感和言行。因此,作品采用拟人的修辞手法,将小鸭子毛巾、布娃娃、长颈鹿、小木马、小熊、花猫、大象都看成具有人的思想、情感和言行的生命。比如,作者用"摆着小手""扭过脖子""摇着铃铛"等表示动作的词语分别描写布娃娃、长颈鹿、小木马,赋予无生命的物体以生命和意志;打破人与物的界限,动物、物品可以与小朋友们进行对话。在不自觉的叙事中,就把这些东西写活了,非常形象、生动。

3. 富有韵律感的故事结构。故事采用反复等写作手法,增强了作品的韵律感。比如,"佳佳指着第一块说:'佳佳喜欢红的小鸭子';冬冬指着第三块说:'冬冬喜欢黄的小鸭子'"。还有"小朋友找呀、找呀,找到玩具架。布娃娃摆着小手,好像在说:'没有!没有!'小朋友找呀、找呀,找到活动室。长颈鹿扭过脖子,好像在说:'没有!没有!'小朋友找呀、找呀,找到操场上。小木马摇着铃铛,好像在说:'没有!没有!'找到这儿,这儿也没有;找到那儿,那儿也没有。"这两段话中反复使用了两个相同的句式"××喜欢××""小朋友找呀、找呀,找到××",其间只有少量词语的替换。这种相同句式的反复使用形成了故事结构的韵律感,能够使幼儿愉快、轻松地进入作品的听、读过程。

4. 浅显、明朗化的语言。为适应幼儿直觉感知的思维习惯，作品在描写人、物时突出它们的形态、色彩、声音等。比如，在写小朋友们用手摸小鸭子毛巾和用嘴亲小鸭子毛巾的感觉时，用了表示触觉和味觉的词语“毛茸茸”“香喷喷”；在写佳佳和冬冬喜欢的小鸭子毛巾时，分别用了表示颜色的词语“红”“黄”，用浅、明朗化的语言描写充分调动了幼儿的感官。

教学建议

1. 学习词语“毛茸茸”“香喷喷”。教师可以准备一些摸起来“硬邦邦”和“毛茸茸”的道具，比如坚硬的石块、毛茸茸的玩具等，让小朋友们理解词语“毛茸茸”；教师可以准备闻起来“臭哄哄”和“香喷喷”的道具，比如臭的榴莲、喷了香水的毛巾等，让小朋友们理解“香喷喷”。

2. 学习句式“我喜欢××”“小朋友找呀、找呀，找到××”。教师引导幼儿反复使用这两个句式进行造句，以增强幼儿的语言表达能力。

3. 教师可以设置一些故事迁移活动，帮助幼儿养成良好的卫生习惯，比如洗手活动；教师辅助幼儿进行“木偶表演”（表演内容：小红在家打扫卫生，不小心把桌上的茶杯打碎了，爸爸听到响声过来问：怎么回事呀？小红生怕爸爸责怪她，连忙说：不是我，是小猫跳到桌上把茶杯打碎了。爸爸知道是小红打碎的，可是没有责备她，而是给她讲了很多道理。小红晚上躺在床上睡不着，跑到爸爸房间承认了错误），通过这个表演让幼儿懂得知错就改，学会及时向别人道歉。

4. 教师准备布娃娃、长颈鹿、小木马、小熊等手偶道具，引导幼儿用不同的语调模仿这些手偶“说话”的声音，让幼儿在模仿中体会故事的趣味性。

胆小鬼

瓦尼亚胆子很小，害怕老鼠，害怕青蛙，害怕蜘蛛，甚至连毛毛虫都害怕，大家都叫他“胆小鬼”。

有一天，孩子们在街头的大沙滩上玩，男孩子们用沙堆堡垒，玩打仗的游戏，而瓦尼亚则和自己的小弟弟安德留沙在边上给洋娃娃做饭。为什么他们不在一起玩呢？原来男孩子们不要他们——瓦尼亚是“胆小鬼”，安德留沙打仗又派不上用场，因为他刚刚会爬。

突然响起了叫喊声：“长毛狗，长毛狗挣脱链子了！长毛狗来了！”

沙滩上只剩下安德留沙一个人，他四肢着地能爬多快呀？他跌坐在沙筑成的堡垒上，吓得哇哇大哭，那凶恶的狗正朝他跑来。

瓦尼亚忘记了一切，飞快地从栅栏门里冲到沙滩上，一只手抓起小铁铲，另一只手抓起为洋娃娃做饭的小煎锅，挺身站在堡垒前面，用身体护住安德留沙。

长毛狗穿过草坪，冲着瓦尼亚凶狠地扑来，它没有吠叫，只是不住地打着响鼻。正当它张嘴龇牙，要扑到跟前时，瓦尼亚猛地把煎锅朝它掷去，随即又扔了铁铲，并拼尽全力喊叫：“滚，滚一边去！”

“啊呜，啊呜！长毛，快停下！”这当儿，看守人跑过来，一下子冲到瓦尼亚前面，把狗挡开了。听到主人的声音，长毛狗停下脚步，摇起尾巴来，看守人给它套上脖链，牵着离去了。

街头恢复了先前的平静，孩子们从各自躲避的地方钻了出来，这个从栅栏后面，那个从土沟里……慢慢都回到了堡垒前。小安德留沙坐起身，一边哭着，一边用两只脏手去抹脸上的眼泪。

谁知，瓦尼亚却哽咽着大哭起来。“你怎么啦，被狗咬伤了么？”孩子们关心地问道。“不，”瓦尼亚低声地回答，“它没有咬我……我真是害怕极了！”

【苏】阿尔丘霍娃　作

江礼海　译

教育价值

孩子们崇拜英雄，崇尚英雄，胆小鬼是最被他们瞧不起的。故事一开始描写的小男孩瓦尼亚怕这怕那，因而谁都不愿意跟他在一起玩，就是一个典型的“胆小鬼”。但是作者并没有按照这样的思路去写，而是欲扬先抑，接下来笔锋一转，浓墨重彩地写了他的一次惊心动魄的救人壮举。他不是不害怕狗，对那条凶狠的恶狗他很害怕，但当他见到别人有危难时，便把害怕抛到九霄云外去了，挺身而出去保护别人，这就显示出了他舍己救人的可贵精神。显然，这则故事不是在贬斥小男孩瓦尼亚的“胆小”，而是在表现小男孩瓦尼亚的“勇敢”，但它与我们通常所说的勇气教育大相径庭。作者希望我们认识到，在生活中，并不是什么都不怕就叫勇敢；一个日常生活中的“胆小鬼”在他所爱的人面临危险的时候敢于不顾一切地冲到危险面前，他就同样是一个勇敢的人。从这个意义上说，我们每个人都有属于自己的那份真正的“勇敢”。对于涉世未深的幼儿来说，这样的生活教育具有不同寻常的意义。

表现手法

1. 跌宕起伏的情节设置。这篇故事虽然篇幅短小，但是结构完整，包含开端、发展、高潮和结局几个部分，讲述了小男孩瓦尼亚胆小却做了一件惊心动魄的救人壮举，结局是当危险过去，街头又恢复了平静时，瓦尼亚越想越害怕，竟大哭起来，说“我真是害怕极了”，又回到了原来的“胆小鬼”主题上。真正吸引幼儿读者并产生扣人心弦的力量的是故事欲扬先抑的营构方式，起初描绘了一个“害怕老鼠，害怕青蛙，害怕蜘蛛，甚至连毛毛虫都害怕”的小男孩瓦尼亚的形象，但是故事情节并没有就“胆小”而平淡地铺叙开来，而是转而叙述瓦尼亚这个胆小的小男孩在面对脱链的长毛狗的进攻时，勇敢地站出来与其搏斗，奋不顾身地保护小弟弟安德留沙的故事。故事情节跌宕起伏，在错落有致的情节叙述中，呈现出波浪式发展的艺术效果。

2. 在对比描写、细节描写中刻画人物形象。人物是故事情节的决定因素，没有人物就没有故事。人物刻画是否丰满是衡量一个故事成功与否的重要标准。在这则故事中，作者一开始在刻画“胆小”的瓦尼亚时，说他“胆子很小，害怕老鼠，害怕青蛙，害怕蜘蛛，甚至连毛毛虫都害怕，大家都叫他‘胆小鬼’”。后来在刻画“勇敢”的瓦尼亚时，写道“瓦尼亚忘记了一切，飞快地从栅栏门里冲到沙滩上，一只手抓起小铁铲，另一只手抓起为洋娃娃做饭的小煎锅，挺身站在堡垒前面，用身体护住安德留沙。”“瓦尼亚猛地把煎锅朝它掷去，随即又扔了铁铲，并拼尽全力喊叫：‘滚，滚一边去！’”作者用了一系列描述动作的词语、短语和句子，比如“飞快地从栅栏门里冲到”“抓起”“挺身站在”“用身体护住”“猛地把煎锅朝它掷去”“扔了铁铲”等，全面展示了一个舍己救人的勇敢的小英雄形象。怕与不怕，胆怯与勇敢，是那么不和谐，却又那么真实可信地统一在了瓦尼亚的个性之中，从而显示出了他性格的丰富性和复杂性。

教学建议

1. 讲述故事时要注重轻重缓急，突出情节的跌宕起伏。这个故事情节大起大落，真有点惊心动魄。教师在开始讲述“胆小”的瓦尼亚时，可以放慢语速，娓娓道来，让小朋友们从心理上接受瓦尼亚“胆小”的事实；接下来讲述“勇敢”的瓦尼亚时，可以加快语速，变换语调，尤其在讲述高潮部分时，要把瓦尼亚和长毛狗搏斗的紧张气氛表达出来，注意重读那些描写瓦尼亚形象的一系列表示动作的词语、句子（比如教师可以模仿古代“说书”艺人，绘声绘色地进行讲述），满足幼儿读者追求刺激的心理需求，进而使小读者认识到瓦尼亚奋不顾身保护安德留沙，是个了不起的小英雄，虽然他平时是个“胆小鬼”。

2. 适时地进行生活教育。比如，教师可以借助一些相关的生活案例，或者创设一些故事、话语情境，让幼儿理解“胆小”和“勇敢”的含义，并引导幼儿理解故事的内涵，即每个人都有属于自己的那份真正的“勇敢”，帮助幼儿在真实的生活中逐渐成长。

蓝色的树叶

卡佳有两支绿色的笔，可是莲娜一支也没有。莲娜向卡佳请求说：“借我一支绿笔吧!”

卡佳回答说:“我得问一问妈妈。”

第二天,两个小姑娘都到学校去了。

莲娜问:“你妈妈允许了吗?”

卡佳停了一下说:“妈妈倒是允许了,可是我还没有问哥哥呢。”

莲娜说:“那有什么关系,再问问你哥哥吧。”

第三天卡佳来学校后,莲娜问道:“怎么样,你哥哥答应了吗?”

卡佳回答:“哥哥倒是答应了,可是我怕你把笔弄断了。”

莲娜说:“我会小心些用的。”

卡佳说:“小心些,不要削,不要太用劲儿,不要放到嘴里,不要用得太多啊!”

莲娜说:“我只把图画纸上的树叶画成绿色的就够了。”

“这太多啦!”卡佳说着,紧紧地皱起眉头,脸上露出不乐意的表情。

莲娜看了看她就走开了,也没有拿笔。

卡佳觉得奇怪,跑着去追她。

“喂,你怎么啦? 拿去用吧!”

莲娜回答说:“不要了。”

上课的时候,老师问道:“莲娜,为什么你的树叶是蓝色的呢?”

“我没有绿颜色的笔。”

“那你为什么不向自己的女伴去借呢?”

莲娜默默地不说一句话。

卡佳羞红了脸,像只大红虾似的,说道:“我给她了,可是她没拿去。”

老师看了看两个人说:“要好好地给,别人才肯接受呢!”

【俄】奥谢耶娃

教育价值

《蓝色的树叶》是一篇短小精悍、生活气息极浓的优秀故事。它的故事情节很简单，描写了一件发生在校园里的极小的事情，卡佳不愿意把自己的绿彩笔借给莲娜，莲娜只好把图画纸上的树叶涂成蓝色，当老师问及此事时，卡佳羞红了脸。借笔给同学是学校里常发生的事，借东西给别人时要表现得热情、诚恳，要发自内心，它是以善意为基础的。帮助同学，给同学以方便，付出一份爱，便收获一份友谊，自己也能从中体会到快乐。如果存有私心，找各种借口不愿意借，即使勉强借了，“皱起眉头”，显出不乐意的样子，别人也不会接受。奥谢耶娃敏锐地捕捉住了孩子们生活中的一件小事，从中折射出了更深的内容。作品对卡佳的小气自私刻画得很细致，把她三次推托不肯借出绿笔的过程写得很细致，使她性格上的缺点表现得十分突出，对自私的批评更有力，教育孩子要互助友爱的主旨也更鲜明。幼儿读者在阅读欣赏中一定会自然地联系到自己，并在与作品中的小主人公的对照中，得到思想品德上的教育。

表现手法

1. 标题制造悬念。一篇作品的题目起得有意思，可以为作品增色。大家都知道，树叶的颜色一般是绿色的，故事却以《蓝色的树叶》作标题，读者会立即产生疑问，这就营造了一个悬念，激发了幼儿读者的浓厚兴趣。

2. 以人物的行为性格为线索。故事情节围绕着“借铅笔”这个核心，以按照卡佳性格发展变化所设置的行为性格为线索，十分自然地展开叙述。莲娜向卡佳借一支绿色的笔，卡佳因为小气不愿意将绿色的笔借给莲娜。作者抓住卡佳小气的性格线索，为卡佳安排了三次托词，先是说“问一问妈妈”，后来说“问一问哥哥”，接着说怕莲娜“把笔弄断了”，最后嘱咐莲娜“小心些，不要削，不要太用劲儿，不要放到嘴里，不要用得太多啊！”抓住这条线索，就能理清故事的整体结构。

3. 在细节描写中刻画人物形象。细节描写是指抓住生活中的细微而又具体的典型情节，加以生动细致的描绘，它具体渗透在对人物、景物或场面的描写之中。细节指人物、景物、事件等表现对象的富有特色的细枝末节，它是小说、故事、记叙文情节的基本构成单位,没有细节就没有艺术。同样,没有细节描写,就没有活生生的、有血有肉有个性的人物形象。在细节描写中,主要抓住心理、动作、语言、神态进行描述。

在此则故事中作者抓住语言、心理等细节描写刻画了两个性格鲜明的人物形象:卡佳和莲娜。莲娜想借卡佳的绿色笔画树叶,卡佳不愿意借又不明说,先推托说要问妈妈,接着又说要问哥哥,后来又说怕莲娜把笔弄断了,最后终于拗不过情面打算把铅笔借给莲娜。作者通过对卡佳三次托词的叙述,把卡佳的小气表现得淋漓尽致。接下来作者又写道:

卡佳说:"小心些,不要削,不要太用劲儿,不要放到嘴里,不要用得太多啊!"

莲娜说:"我只把图画纸上的树叶画成绿色的就够了。"

"这太多啦!"卡佳说着,紧紧地皱起眉头,脸上露出不乐意的表情。

莲娜看了看她就走开了,也没有拿笔。

卡佳觉得奇怪,跑着去追她。

"喂,你怎么啦?拿去用吧!"

莲娜回答说:"不要了。"

从二人充满稚气的对话中可看出各自不同的性格特点。卡佳知道不借给同学铅笔是不对的,但实在舍不得,便一再找借口推托,她一连用了四个"不要",是其内心不想借的生动表现。当莲娜不要铅笔后她又产生了矛盾心理。卡佳的语气中掺杂着负疚感,让人可以看出她的吝啬小气伴随着很复杂的内心活动。莲娜在向卡佳借铅笔的过程中,因为有求于人而一再忍让,自尊心受到极大伤害,后来卡佳追上来要把铅笔借给她,她却宁愿将树叶画成蓝色也不要卡佳的铅笔了,其内向而又自尊的性格跃然纸上。

4. 以小见大的主题内蕴。作者通过描写发生在校园里的一件小事情——卡佳舍不得把自己绿色的铅笔借给她的小伙伴莲娜,莲娜只好把她画的树叶用自己的蓝铅笔涂成了蓝颜色,来阐明帮助别人一定要诚恳,小朋友之间应该互相友爱的道理,对幼儿进行了一次深刻的生活教育。但是作品在对卡佳进行批评时,并没有采用严厉的呵斥,而是借助老师语重心长的话语说了一句提醒劝导的话,并含蓄地写道"卡佳羞红了脸,像只大红虾似的",显然她认识到了自己的缺点,这在某种程度上维护了孩子的自尊心。

教学建议

1. 设置悬念,激发兴趣。教师可以准备几片不同颜色(绿色、红色、黄色)的树叶,先让幼儿仔细观察并说出树叶的颜色,然后提问"有没有蓝色的树叶存在呢?"进而让幼儿带着疑问去听读故事,这样可以激发幼儿的阅读兴趣,吸引孩子的注意力。

2. 情景模拟,直观再现。教师在课前派发给每个小朋友不同颜色的铅笔,然后布置任务——画出不同颜色的树叶。在绘画过程中,小朋友们可能会遇到这样的麻烦,比如小 A 手里只有蓝色的铅笔,他要画出绿色的树叶,就要向拥有绿色铅笔的小 B 或小 C 借,观察小 A、小 B、小 C 的不同表现,并适时地进行指导教育。

3. 拓展说话,聚焦主题。教师可以结合身边发生的事情,设置情景,如:在街上遇见了一个走失的小弟弟,你应该怎么做?你的同桌忘带橡皮了,你该怎么做?……用这些问题来引导幼儿及时改正自己自私的缺点,主动做一个乐于帮助他人的人。

慌慌张张的莎莎

"莎莎,快起来!起来,穿衣服了!"妈妈对莎莎喊。莎莎醒来了,可她不想起床,还想再躺一会儿。

"莎莎,起来!再晚就来不及了!"妈妈又高声喊起来。莎莎没办法,只好起来。先穿袜子,一看,袜子不见了。

"我的袜子在哪里?"莎莎喊起来。妈妈和莎莎一起找,椅子上——没有,地上——没有，沙发上——还是没有。

妈妈抱起被子一抖，啊呀，找到了，就在被窝里呀。

该穿鞋子了。可是鞋子在哪儿呢？桌子下面——没有，床底下——也没有。“在窗台上呢！”妈妈生气地喊起来。

莎莎就这样慌慌张张地找袜子、找鞋子、找衣服，不停地找。妈妈着急地喊：“快走！再不走就要迟到了！”

“不行！我的书包还没收拾呢！”莎莎慌了神，手忙脚乱地收拾起来。书本、作业簿、铅笔盒……莎莎找一样往书包里塞一样，慌慌张张背上书包。

“妈妈！我还没吃早饭！”“带上面包和牛奶，快走吧！”妈妈一边看手表，一边喊。

莎莎跟着妈妈出了门，一边走，一边啃面包、喝牛奶。她忽然想起来，自己还没刷牙、洗脸呢。可她看见妈妈一脸生气的样子，什么话也不敢讲。

“每天早上都是这么慌慌张张的！”妈妈生气地对莎莎说。

莎莎听见远处传来上课的铃声，她的心慌得“怦怦”乱跳。“糟糕！今天又迟到了。”

“你知道为什么你每天都这么慌慌张张吗？”妈妈问莎莎。

【俄】伏隆科娃

教育价值

这篇幼儿生活故事内容浅显，结构简单，适合大班的孩子。故事讲述的是莎莎从早晨起床就慌慌张张、丢三落四，上学迟到的事。在现实生活当中，很多幼儿都有拖拉的毛病，而且自理能力比较差。教师通过引导幼儿理解故事内容，让他们知道做事情有条理、有准备就不会慌张，同时让幼儿练习整理，培养良好的生活行为习惯。

表现手法

本故事以莎莎起床慌慌张张地找衣服穿为线索。孩子们只要记住莎莎从头到脚地找穿戴的东西就能理清全文脉络:莎莎最先找不着袜子,好不容易找着袜子之后,又找不到其他东西了,一轮一轮地找,终于出门了,但到学校已经迟到了。理清这条线索,孩子们就会很容易联想到它所贯穿的各个情节的片段。

教学建议

1. 情景再现,直观感知。教师运用图片直观形象地展示或者借助录像播放,让幼儿仿佛置身于慌慌张张的早晨的故事情节中,以使其直观感知故事,更加深入地了解故事内容,了解莎莎从起床到上学的全过程。引导幼儿积极讨论莎莎为什么这么慌张,应该怎样帮助莎莎改掉慌慌张张的坏习惯。

2. 理清线索,深入把握。教师抓住莎莎起床慌慌张张地找衣服穿的线索,引导幼儿找出莎莎起床后依次寻找的东西,帮助幼儿更加清晰地掌握故事情节,并鼓励幼儿用生动、形象的语言创造性地讲述莎莎迟到的原因。

3. 学习词语“慌慌张张”。教师引导幼儿运用恰当的词语来描述莎莎早上起来找各种东西的慌乱动作,进而学会词语“慌慌张张”。

4. 情景表演《莎莎不慌张了》。教师鼓励幼儿对故事进行再造性创编,并用自己的方式表现不慌张的莎莎,引导幼儿进行自主表演,感受做事有条理就不会慌张。

东东西西打电话

东东和西西同时从家里跑出来,东东是去找西西的,西西是去找东东的,他们在路上碰见了。

东东说:“西西,我告诉你,我家装电话了。”

西西说:“东东,我也告诉你,我家也装电话了。”

“我现在就给你打电话。”

“好,我也给你打电话。”

东东和西西跑回家,同时拿起了电话。嗨!忘记问电话号码了!他们奔出来,又在路上碰见了,你问我,我问你,“你家的电话号码是多少?”然后记下了电话号码往家里奔去。

东东念叨着西西的号码,按下电话按钮,听到的是“嘟—嘟—嘟”的声音,没有听见西西问:“喂,你是东东吗?”

西西也一样,听见的只是“嘟—嘟—嘟”的声音,没有听见东东问:“喂,你是西西吗?”

他们打了好久,电话里全是“嘟—嘟—嘟”的声音。东东想:“她家的电话怎么一直是“嘟—嘟—嘟”的声音呢?”西西想:“他家的电话怎么一直是“嘟—嘟—嘟”的声音呢?”忽然,他们都明白了,这是忙音。

“西西在打给我,所以,我打过去要嘟嘟嘟响了。”东东心里想。

“东东在打给我,所以,我打过去要嘟嘟嘟响了。”西西心里想。

于是,他们又谁也不打了。东东想:让西西先打过来吧。西西想:让东东先打过来吧。他们就这样趴在桌子上等着……

(梅子涵)

教育价值

《东东西西打电话》是一篇具有幼儿生活情趣的故事,适合小、中、大班的孩子。讲的是东东和西西两个小朋友家都安装了电话而奔走相告互约打电话的事情。作者通过东东和西西两个小伙伴的对话与内心独白,采用“巧合法”和“误会法”巧妙安排故事情节,栩栩如生地描绘了两个善于动脑筋,遇到问题会思考的活泼可爱的小朋友的形象。这个故事虽无明显的思想教育意义,但是故事本身的趣味性能够带给孩子欢笑。强调孩子天真快乐的天性,而不附加很多成人化的东西,便是最优秀的儿童文学作品。

表现手法

1. “巧合法”和“误会法”,推动故事情节发展。东东和西西两个小朋友家都安装了电话,于是都想第一时间告诉对方,也都想第一时间给对方打电话,当听到占线的声音后,又都等着对方打过来。作者设置了完全相同的语言和心理活动,运用“巧合法”和“误会法”巧妙地安排了故事情节,读后让人忍俊不禁,回味无穷。

2. 在情节发展中展示人物性格。东东和西西同时从家里跑了出来,惊喜地告诉对方自己家装电话了,然后各自回家去给对方打电话,却都忘记问电话号码了,于是又跑出来互相问电话号码。东东一路念叨着西西的电话号码,回去按电话按键,却只听见“嘟—嘟—嘟”的声音,西西也是如此,经过思考,两个人都明白这是忙音。“于是,他们又谁也不打了。东东想:让西西先打过来吧。西西想:让东东先打过来吧。他们就这样趴在桌子上等着……”作品通过对两个孩子心理和行动的不谋而合的描写,制造出了一连串喜剧效果,东东和西西好奇、好动、机灵的形象也得到了充分的展示。

教学建议

1. 技巧性讲述故事,传达作品的趣味性。教师在讲述故事时可利用作品中运用的“巧合法”和“误会法”来设置问题。比如,为什么电话打不通?东东和西西打不通电话时心里怎么想的?当东东和西西都知道不能同时打电话的时候,他们是怎样做的呢?通过问题的设置,一方面激发幼儿听读故事的兴趣,另一方面培养幼儿思考问题的能力。

2. 故事体验迁移,分享交流的快乐。你和你身边的伙伴打过电话吗?你们打电话都说些什么?让幼儿谈一下自己的亲身经历。教师引导幼儿在故事迁移活动中体验小伙伴之间交流沟通的快乐,也可以更好地训练孩子的思维能力和语言表达能力。

3. 进行活动“动物打电话”,体验创编的快乐。

(1)引导。教师设置相应的情境,如动物园里要装电话了,猜猜电话会装在谁家里?(此时,教师逐一出示动物图片或者动物玩偶)提问:动物们装了电话后心情如何?会干什么?(引导幼儿自由交流讨论,进行讲述)

(2)组画。选择两种动物,将这两种动物的图片粘贴在白纸上,用彩笔和油画棒添画背景,组成一幅“动物打电话”的画面。

(3)说画。谁和谁打电话了?它们在哪打电话?它们说了什么?它们会用什么办法帮助好朋友?

(4)同伴交流。启发幼儿将自己画面的内容讲给同伴听,分享创编的快乐。

云端掉下一只烤鸡

小约翰的家住在很高很高的高楼上。那楼真是特别高,从地上看顶端,那顶端就像伸进了云彩里。

大楼里有一部电梯,禁止小孩单独进去。

一天,小约翰同爸爸买东西回来,在楼下大门口遇到一位邻居,爸爸就同那位邻居老先生聊起天来。他们聊了很久,小约翰提着菜篮子站在电梯门口等爸爸。

小约翰等了很久很久,终于忍不住了。他抬手按了电梯的按钮,门开了,他独自进了电梯。

可怜的小约翰,他的个子这么矮小,而到他家的按钮却在最高的地方,所以他无论怎样踮起脚尖,还是按不到它。

怎么办呢?小约翰想:“我先尽力按能按到的最高的钮,再爬楼梯上去吧!”

电梯缓缓上升,到达后,门自动开了。

小约翰提着菜篮子走了出来,四周一片漆黑。他摸着找电灯开关,但是到处都摸遍了,却怎么也找不到。他很害怕,摸索着沿楼梯往上走。一层又一层,他不知道爬了多少层。到了不再有楼梯的时候,一道门挡住了他的去路。

小约翰打开这道门,发现他已经到了楼顶。他高兴地跑来跑去,仔细看着这被云彩围绕着的楼顶。

他玩累了,要下楼了。可是大门已经牢牢关住了,糟糕!他被困在楼顶上,急得快哭出来了!这时他看到自己脚旁的菜篮,想到了一个好办法。

小约翰把菜篮里的东西统统掏出来,有五根香蕉、妈妈的新抹布、爸爸的围裙、姐姐的毛线团,还有晚餐时要吃的烤鸡。

他用姐姐的毛线把烤鸡绑住,然后往楼下吊。

烤鸡经过大楼每一层住户的窗前,越落越低,直到地面。

大门前,小约翰的爸爸还在聊天。老先生抬起头,吃了一惊,说:"有只烤鸡从云端掉下来了!"

爸爸赶紧抬头看,果然有只鸡。天哪!这一定是小约翰的发明!爸爸立刻搭上电梯,赶到楼顶,果然发现小约翰在拿毛线吊东西!

地面上的老先生眼看着那只烤鸡又被吊了上去,消失在云端。

爸爸把吓坏了的小约翰抱起来,抱回家。他们回到家里,同妈妈、姐姐一起享用烤鸡大餐。小约翰这时才发觉,自己已经很饿了。

【法】艾斯库迪叶　作

韦苇　译

教育价值

这是一篇冒险题材的幼儿生活故事,故事情节新奇,巧中显趣,适合中、大班的孩子。讲述的是小约翰在遇到惊险时想到利用姐姐的毛线往下吊烤鸡的办法来引起人的注意,以解救被困在楼顶的自己。这种建立在现实生活基础上的新奇感既可以激发儿童的阅读兴趣,还能使儿童由被动的接受者变为主动的参与者,使儿童的思维能力和解决问题的能力得到锻炼和提高。同时,小约翰的聪明也着实给家长和教师提了一个醒,在孩子成长的过程中,不能一味地去帮助孩子搞定一切,要培养孩子的独立性,教会孩子一些基本的生活常识和技能,使其学会自我保护。

表现手法

1. 富于悬念的情节构思。悬念是指在故事的开头或者中间提出问题，摆出矛盾或设置疑团，以引起读者或听众的关注。悬念是故事的生命线，没有悬念，故事就不吸引人。小读者在听读故事时往往带着一种迫不及待的心理，他们急于知道故事的结局，享受悬念揭开时那种恍然大悟之感。

这篇故事从题目《云端掉下一只烤鸡》就开始设置悬念，幼儿读者听到这个题目，肯定会非常好奇地问："为什么云端会掉下烤鸡呢？"故事情节更是在不断地"制造悬念—解开悬念"中向前推进着。故事的开头部分用比喻、夸张的修辞手法写"小约翰的家住在很高很高的高楼上。那楼真是特别高，从地上看顶端，那顶端就像伸进了云彩里"，为情节发展设下埋伏。接下来用铺垫的手法写爸爸和小约翰一同买东西回来，在楼下碰到了邻居，就和邻居聊起了很长的天。无聊的小约翰终于忍不住了，准备自己回家，但是由于个子矮够不着到自己家的电梯按钮，怎么办呢？聪明的小约翰便想尽力按到最高的按钮，再爬楼梯上去。这是第一层悬念。在黑暗的楼梯上，不知道爬了多少层的小约翰最终来到了楼顶。玩累了的他准备下楼回家，不巧的是楼顶的门被关了，小约翰被困在了上面。怎么办呢？聪明的小约翰又想到了一个办法，就是用姐姐的毛线把烤鸡绑住，然后往楼下吊，吸引人的注意。这是第二层悬念。当烤鸡落到地面时，还在跟爸爸聊天的老先生首先发现了这只烤鸡，吃了一惊："有只烤鸡从云端掉下来了！"这是第三层悬念。熟悉约翰的爸爸立刻意识到这是小约翰的发明，于是将困在楼顶的小约翰解救了下来。到此故事制造的悬念全部解开，小读者们也会对题目《云端掉下一只烤鸡》恍然大悟。

故事就这样在不断制造问题、解决问题，再制造问题、再解决问题的过程中走向结局，叙事节奏快慢交错，情节起伏有致。

2. 在情节发展和细节描写中刻画人物形象。幼儿的思维是一种简易化、夸大化和对照式的思维。作者笔下的小约翰也是如此。开篇部分借助小约翰的视角描绘了一个极度夸大化的家,“很高很高”,“从地上看顶端,那顶端就像伸进了云彩里”。接下来,当小约翰的爸爸和邻居家的老先生聊天时,小约翰不耐烦地独自进电梯,正是小孩子心理活动的展现。个子矮小,按不到电梯最高处的按钮,是对小约翰外在形象的细节描写。后来,小约翰解决了因自己个子矮小够不到电梯最高处按钮的问题,被困在楼顶时又想到用毛线往下吊烤鸡的办法来求助,小约翰聪明可爱的形象随着情节发展得到全面的展露。

教学建议

1. 讲述故事时,巧妙运用语音表达技巧,娓娓道来。

这篇故事根据情节可分为三部分。第一部分包括第 1、2 自然段,描写小约翰家的高和这座大楼的限制。讲述这部分时要重点突出“很高很高”“禁止”等词语。第二部分包括第 3、4 自然段,写小约翰决定独自乘电梯上楼。讲述时将“他们聊了很久”“等了很久很久”等句子拉长语调,突出爸爸聊天久而对小约翰的忽略,才出现小约翰独自坐电梯上楼的情境。第三部分包括第 5 ~ 17 自然段,描写小约翰独自上楼,遭遇危险、化险为夷的经过。讲述时重点突出“个子这么矮小”“四周一片漆黑”,把小约翰来到楼顶的经过强调出来。讲到小约翰打开通往楼顶的门时,可以口语化些、轻松些,让幼儿读者切身感受到正在跟随小约翰一起发现新的秘密,产生快乐的情感。接下来再运用稍微低沉的语调把小约翰被困在楼顶时的着急心情表现出来。最后提升语调,用惊奇、喜悦的语气讲述小约翰借助姐姐的毛线往下吊烤鸡化险为夷的经过。这样把语调和语气紧密结合在一起来讲述故事,能使幼儿在听读的过程中能享受到作品的艺术美感。

2. 故事迁移,引导幼儿学会自我保护。教师可以设置情境,让幼儿回答。如,假如你碰到像小约翰这样被困在楼顶的情况时,你会怎么做?假如在上学的路途中碰到不认识的阿姨和叔叔接你回家,你会怎么做?通过这些问题,让幼儿懂得沉着冷静的重要性。

借你一把伞

娜娜喜欢到家旁边的小树林里去玩,因为那里有她的好朋友们。

它们是小蚂蚁、小青蛙、小兔子、小山狸,还有大熊,娜娜和它们在一起玩得可开心了。

突然,下雨了。哎呀,真糟糕,娜娜没有伞。

小蚂蚁爬过来了,跟娜娜说:“借你一把伞。”

咦!小蚂蚁的伞可真小啊。原来它是一片小树叶。它只能为小蚂蚁挡住雨水,对娜娜可没用。

小青蛙跳过来了,跟娜娜说:“借你一把伞。”

小青蛙的伞是漏斗伞,因为小青蛙根本不怕下雨,娜娜可不能用这把伞。

小兔子蹦过来了,对娜娜说 :“借你一把伞”。

小兔子的这把伞会漏雨,它的伞原来是一根胡萝卜。

这时,小山狸也跑过来了,对娜娜说:“借你一把伞 。”

小山狸的伞是不是刚刚好呢?啊呀呀!可是风一吹雨水就漫进来了,这把伞娜娜也不能用。

大熊慢吞吞地走过来了,对娜娜说:“借你一把伞。”

哇!大熊的伞真大啊。娜娜拿了一下,好重啊!

娜娜可没有大熊那么大的力气,所以大熊的这把伞娜娜也不能用。

这时候,小狗强强带着伞跑过来了。“娜娜,娜娜,我给你送伞来了。”

啊!这不就是娜娜的伞嘛!是妈妈刚刚为娜娜买的小红伞。

雨水打在伞上,发出“叮咚,叮咚”的声音。

娜娜高兴极了,说:“这才是我的伞呢。”

雨还在继续下着,娜娜和她的朋友们一起撑着伞排排走。

还有谁没有伞呢？

【日】小出保子

教育价值

《借你一把伞》是日本儿童文学作家小出保子的作品，非常适合中班的孩子阅读。

故事中的动物由小蚂蚁开始一个一个依次出场，它们都对娜娜说："借你一把伞。"动物们送给娜娜的伞也由小变大，但都不是娜娜避雨的最好雨具。这些反反复复出现的送伞情景，这个由小到大的出场顺序，不仅能帮助幼儿很好地理解故事内容，也能让他们逐步感受故事所渲染的友情和温暖。小动物们一个接一个地给娜娜送各种不同的"伞"遮雨，故事中问题的解决是小狗强强送来了娜娜自己的伞，出乎我们的意料但又在情理之中，这让孩子们懂得了一个道理：适合自己的东西并不一定适合别人。

表现手法

作品采用了重复的故事结构，语言却重复一句"借你一把伞。"留给孩子极大的想象空间和表达空间。在出其不意的"雨"面前，娜娜淋雨了，小动物们找来不同的"伞"借给娜娜。因为关爱，动物和孩子自然地走到了一起。"借你一把伞"，借出的何止是一把普通的伞，简直是架起了一座横跨孩子的生活和动物的生活的互相了解、互相帮助的想象和沟通的桥梁！这是充满爱与温暖的动人之作，呈现了给予别人合适的帮助的独特内涵。

教学建议

1. 针对作品中反复出现的一句话"借你一把伞"，教师可以准备道具：伞的图片和各种动物卡片，让孩子们根据自己的观察和阅读，一方面进行语言的训练，把这些动物卡片和伞的图片连起来，边连边说"借你一把伞"；一方面进行故事的复述,把这些随意摆放的伞的图片和动物卡片按故事情节的顺序摆放。

在讲述故事的过程中,巧用作品翻页所带来的空白,发挥幼儿大胆的想象,进行作品的再创造,如问:是否还有其他动物想借伞给娜娜呢?它们会是谁?它们的伞是什么样的?可以让幼儿把自己的想象画在卡纸上,并把画好的伞按照顺序进行排列。

2. 针对作品所呈现的给予别人合适的帮助的独特内涵,教师可以设置问题让幼儿来理解,比如:“它们的伞为什么都不一样呢?”启发学生联想不同的动物的伞与动物自己身体特征及生活环境的关系,了解动物的特征。“为什么适合蚂蚁、青蛙等小动物的伞不适合娜娜,而小狗强强的小红伞却能让娜娜会心一笑呢?”

3. 改编表演。将这则幼儿故事改编成幼儿戏剧,进行合理的角色分工,并将想象的动物和伞添加到表演中去。

4. 游戏环节。设计“雨伞店”游戏,有两家雨伞店,两家店卖的雨伞有几组是相同的,让小朋友们仔细找一找,把相同的雨伞连起来,并涂上自己喜欢的色彩。

爱心树

从前有一棵大树,它喜欢上了一个男孩儿。男孩儿每天会跑到树下,给自己做王冠,想象自己就是森林之王。他也常常爬上树干,在树枝上荡秋千,吃树上结的苹果,同大树捉迷藏。累了的时候,就在树荫下睡觉。

小男孩儿爱这棵树,非常非常爱它,大树很快乐。

但是时光流逝,孩子逐渐长大,大树常常感到孤寂。

有一天孩子来看大树,大树说:“来吧,孩子,爬到我身上来,在树枝上荡秋千,吃几个苹果,再到阴凉里玩一会儿。你会很快活的!”

“我已经大了,不爱爬树玩儿了,”孩子说,“我想买些好玩儿的东西。我需要些钱,你能给我一点儿钱吗?”

“很抱歉,”大树说,“我没有钱,我只有树叶和苹果。把我的苹果拿去吧,孩子,把它们拿到城里卖掉,你就有钱了,就会快活了。”于是孩子爬上大树,摘下树上的苹果,把它们拿走了。

大树很快乐。

很久很久,孩子没有再来看望大树,大树很难过。

后来有一天,孩子又来了。大树高兴地摇晃着肢体,对孩子说:“来吧,孩子,爬到我的树干上,在树枝上荡秋千,你会很快活的!”

“我有很多事要做,没有时间爬树了。”孩子说,“我需要一幢房子保暖。”他接着说,“我要娶个妻子,还要生好多孩子,所以我需要一幢房子。你能给我一幢房子吗?”

“我没有房子,”大树说,“森林就是我的房子。但是你可以把我的树枝砍下来,拿去盖房子。这样你就会快活了。”于是孩子把大树的树枝都砍下来,把它们拿走,盖了一幢房子。

大树很快乐。

孩子又有很长时间没有来看望大树了。

当他终于又回来的时候,大树非常高兴,高兴得几乎说不出话来。“来吧,孩子,”它声音喑哑地说,“来和我玩玩吧!”

“我年纪已经大了,心情也不好,不愿意玩儿了。”孩子说,“我需要一条船,驾着它到远方去,离开这个地方。你能给我一条船吗?”“把我的树干砍断,用它做船吧。”大树说,“这样你就可以航行到远处去,你就会快活了。”于是孩子把树干砍断,做了一条船,驶走了。

大树很快乐,但是心坎里却有些……

又过了很久,那孩子又来了。“非常抱歉,孩子,”大树说,“我没有什么可以给你的了。我没有苹果了。”

“我的牙齿已经老化,吃不动苹果了。”孩子说。

“我没有枝条了，”大树说，“你没法儿在上面荡秋千了。”

“我太老了，不能再荡秋千了。”孩子说。

“我也没有树干，”大树说，“不能让你爬上去玩了。”

“我很疲倦，爬也爬不动了。”孩子说。

“真是抱歉，”大树叹了口气，“我希望还能给你点儿什么东西……但是我什么都没有了。我现在只是个老树墩，真是抱歉……”“我现在需要的实在不多，”孩子说，“只想找个安静的地方坐坐，好好休息。我太累了。”

“那好吧。”大树说，它尽量把身子挺高，“你看，我这个老树墩，正好可以让你坐在上面休息。来吧，孩子，坐下吧，坐在我身上休息吧。”于是孩子坐下了。

大树很快乐。

［美］谢尔·希尔弗斯坦　作

傅惟慈　译

教育价值

《爱心树》是一个图画与文字都非常简单的绘本故事，图画是简单的，采用黑白线条勾勒了一棵苹果树和一个小男孩儿，文字也是很简单的散文，就像一首朴实的歌。简单朴实的插图与浅显而又极富哲理的文字相融合，成了绘本世界中的典范。就故事本身来说，一个小男孩儿幸运地遇到了一棵因爱而给予，因给予而快乐的大树。大树用它全部的生命陪伴男孩儿的一生，为他奉献了一生。男孩儿曾因成长而离开，但他在生命的开始与结尾都和大树为伴，为此，大树幸福不已。这是一个温馨又略带哀伤的动人故事，充满诗意而又带有嘲讽幽默的文字，为各个年龄段的读者创造了一则令人动容的寓言——在施与受之间，也在爱与被爱之间。

读完这则故事，幼儿会觉得这棵大树很熟悉，似乎就在他们身边。是的，它就像每天陪伴在身边的爸爸妈妈。从孩子呱呱坠地的那一刻起，父母就一直为儿女的成长和快乐默默付出，是爸爸妈妈让我们感受到了家的幸福和温暖，也让我们感受到了成长的快乐。故事中的男孩儿长大后离开大树去了他向往的远方，随着时间的流逝，我们也将一天天长大，有一天，我们也将去远方，去寻找属于自己的精彩和美好。那时，大树只剩下老树墩，而我们的爸爸妈妈也许已经有了鱼尾纹和白头发。如果有一天你累了，那就回家吧，和爸爸妈妈聊聊天儿，讲讲你所经历的故事，看过的风景、走过的路、遇到的人……大树在这个层面上被认为是父母爱的化身：在儿女成长的过程中，父母付出了最无私、最博大的爱，不求回报，把儿女的快乐当作自己最大的快乐。

读完这则故事，幼儿可能还不太理解：大树为什么对男孩那么好？他们会由此探寻爱的含义，在讨厌小男孩总是索取的情绪中渐渐懂得感恩与回报。

表现手法

这个故事采用了跳跃性的叙事节奏和回环式的叙事结构。故事篇幅并不长，却跨越了男孩儿的整个生命历程。男孩儿逐渐长大后，孤寂的大树时常盼望孩子归来，但孩子却只出现了四次，每一次大树都以快乐的心情满足孩子的需求。当男孩儿最后一次来到大树身边的时候，它已经变成了一个垂暮"老人"，它用仅剩下的树墩儿接纳这个疲惫的孩子，并且依然感到快乐。作者用"时光流逝""很久很久""又过了很久"这样的词语完成时间的跳跃，在浓缩了人的一生的时光里表达爱的理解，以快速的叙事节奏带给人绵长悠远的回味。

当然，幼儿童话中跳跃的叙事节奏也需要适时的延宕来增加文学的韵味。《爱心树》中每次男孩儿出现的时候，他和大树之间都会有一段较长的对话，让读者感受到作品在回环式的叙事结构中所透出的深沉意蕴。

教学建议

1. 以图文结合的方式讲述故事。先让幼儿通过观察图画书初步感知故事内容。接下来，教师大声朗读故事，并引导幼儿作一些细节的观察与思考。比如引导幼儿观察树干上"心形"图案的数量及内容的变化，由此了解男孩情感的变化。随着男孩渐渐长大,大树为什么感到孤寂了?这一部分主要是培养幼儿的观察能力和思考分析能力,同时养成正确的读书方式。

2. 读画互动、读说互动。如果坐在老树墩上的男孩儿最终感受到了被爱的温暖,他会对大树说些什么,做些什么呢?尝试把你要说的故事用画笔画下来。这一环节主要是进行拓展迁移,以续编故事的方式。加深幼儿对故事的理解。

3. 体验生活。每个小朋友制作一张爱心卡,把它送给关爱你的人。这一环节的主要目的是让孩子在感受爱的过程中学会感恩。

老爷爷的帽子

冬天到了,北风呼呼地吹,天气很冷。有一只小鸟很可怜,在树枝上冷得直发抖。一位老爷爷走来了,他看见小鸟冷得直发抖,心想:这只小鸟多可怜呀,这么冷的天,它一定会被冻死的。小鸟看见老爷爷,说:"风把我的鸟窝吹走了,我没有家了,冷得直发抖。"老爷爷说:"别着急,我来帮你想个办法。"老爷爷就把自己的帽子给小鸟作鸟窝,老爷爷的帽子真暖和。小鸟想:树林里还有许多怕冷的小鸟,它们也一定冷得发抖了,得快把它们叫来。于是,小鸟们都飞进了老爷爷的帽子里。老爷爷的帽子真暖和,它们非常感谢老爷爷,高兴地唱歌给老爷爷听。之后,老爷爷天天来看小鸟,听小鸟唱歌,小鸟们非常高兴。可是有一天,老爷爷没有来,原来他病了。小鸟们知道了这个消息,心想:一定是老爷爷把帽子给了我们,自己着凉生病了,我们快给老爷爷做顶帽子吧。小鸟们就用自己身上的羽毛做了一顶帽子送给老爷爷,老爷爷非常感谢小鸟们。过了几天,老爷爷的病就好了。

教育价值

这是一篇社会性教育童话故事,适合中班的孩子阅读。

这则童话以老爷爷关心小鸟，小鸟关心老爷爷为主题，将我们带入一个温馨、和谐、充满爱的世界。现在的独生子女大多只知道满足自己的需要，而不考虑别人的情绪和感受，缺乏同情心，不懂得关心、帮助别人。而社会需要幼儿从小学会生活，学会关心。

学习这篇童话故事的目的，一是引导幼儿初步理解他人的需要，学会关心、帮助他人；二是激发幼儿的同情心，使其获得被人关心和帮助他人的内心感受；三是鼓励幼儿大胆表达自己的见解，提高表达能力和交往能力。

表现手法

1. 采用拟人的修辞手法，对小鸟进行人格化处理，使其会说话、会唱歌、会思考；同时兼顾小鸟的特点，比如用羽毛做帽子。

2. 运用反复的写作手法，描述了两个相似的情节，一是老爷爷把自己的帽子送给小鸟做鸟窝，小鸟很感谢老爷爷，每天给老爷爷唱歌；二是老爷爷生病，小鸟用自己的羽毛做了一顶帽子送给老爷爷，老爷爷非常感谢小鸟。

教学建议

1. 故事展述。

方法一：教师通过讲述原文的方式让幼儿了解故事情节。

方法二：教师通过放映幻灯片让幼儿猜测故事内容。

2. 作品中老爷爷共有两顶帽子，第一顶是他自己的帽子，他把它送给了小鸟，表现了他对小鸟的爱；第二顶是小鸟用羽毛做的帽子，表现了小鸟对老爷爷的爱。在设计活动方案时，可以抓住这个环节，对幼儿进行形象的爱心教育。活动可以采用角色对话的方式进行。

3. 学习“冷”“暖和”“可怜”“高兴”等词，可以让幼儿以肢体语言来表现。

4. 引导幼儿讨论：如果你的爷爷奶奶或外公外婆病了，你能做些什么呢？如果你看到需要帮助的人，愿意去帮助他们吗？将爱的教育迁移到幼儿的生活中来。

丁一写小字

丁一写小字,写来写去写不好。“对了,是我的纸不好!”他把姐姐的纸拿来写。

他用姐姐的纸写字,写来写去写不好。“对了,是我的笔不好!”他把姐姐的笔拿来写。

他用姐姐的纸、姐姐的笔写字,写来写去写不好。“对了,是我的位子不好!”他坐到姐姐的位子上去写字。

他用姐姐的纸、姐姐的笔,坐在姐姐的位子上写字,写来写去写不好。“我还有什么东西不好呢?”

姐姐拿起丁一丢掉的纸,拿起丁一丢掉的笔,坐在丁一的位子上,身子一动不动,认真地一笔一笔写字。瞧,她写的字多好!

丁一明白了:“不是我的纸、我的笔、我的位子不好,是我自己不好。”

他像姐姐一样,身子一动不动,认真地一笔一笔写字。瞧,他写的字也好了。

(任溶溶)

教育价值

这篇故事内容浅显,讲述的是丁一找各种借口来遮掩自己写字写不好,最后认识到不是自己的纸、笔、位子不好,而是自己不够认真。故事采用重复的叙事手法,非常形象地刻画了自身拥有缺点却不承认,总找借口的幼儿的心理状态。教师在引导幼儿阅读故事的过程中应帮助幼儿认识到自己犯了错误一定要先从自身找原因,而不是去找各种借口。

表现手法

这则故事使用了重复循环又略有变化的语言句式来推进情节,前四个自然段构成了语段上的排比和递进,读来十分富于节奏感。与此同时,“字”“好”“纸”“笔”等字在故事中不同句子处停顿处反复出现,也制造了整齐而又活泼的韵律感。这些语言上的特点鲜明地呈现了幼儿生活故事特有的语言感觉。

此外,幼儿生活故事也常常通过故事情节的有序循环来制造结构上的韵律感。在这则作品中,丁一先后用“姐姐的纸”“姐姐的笔”,“坐在姐姐的位子上”写字,体现了幼儿生活故事中最常见的结构循环和递进方式。除了形式上的美感之外,它所带来的结构上的稳定感也能够带给阅读中的孩子一种特殊的安全体验。

教学建议

1. 重复句式重点突出。教师在讲述故事的过程中,可以重点强调重复使用的句式“对了,是我的笔(纸、位子)不好”,让幼儿感觉到丁一总是找借口的心理特征。

2. 设置问题,教育启发。教师引导幼儿回答问题:“丁一写不好字的原因是什么,是笔、纸、位子不好吗?”让幼儿通过思考回答问题,了解到不是丁一使用的东西不好,而是其自身的原因才导致写不好字。进而教导幼儿一定要认真做事,不要把做不好事情赖在客观原因上。

小狗穿鞋

妈妈给三岁的浩浩买了一双新鞋,浩浩穿上后左看看,右瞧瞧,家里的小狗跑过来,舔了舔浩浩的鞋。浩浩仰起头来,天真地问:“妈妈,狗狗冷吗? 它怎么不穿鞋?”妈妈顺口说了一句:“你去问它吧。”

于是浩浩低下头,对着小狗的耳朵说:“小狗狗,你冷吗? 我给你穿鞋好吗?”

突然浩浩大叫起来:“妈妈,狗狗说它冷,它向我点头呢!”

不知什么时候,浩浩把自己的鞋子脱了下来,套在小狗的两只前脚上。

“妈妈,还差两只脚呢!”

“什么差两只脚?”

“狗狗还差两只脚没有鞋呢……”话还没说完,小狗就“汪汪汪”地叫着逃跑了。

浩浩低着头、红着脸、扯着衣角,不好意思地向妈妈走去,嘴里念叨着:“新鞋让小狗穿走了,小狗现在和我一样,都光着两只脚啦!”

教育价值

故事情节简单,充满童真童趣,比较适合小班孩子阅读。讲述的是妈妈给浩浩买了一双新鞋,而浩浩却把新鞋穿在了小狗的脚上,最后稚气的浩浩认为小狗和他一样都光着两只脚了。作品本身没有多少教育意义,更多地是在展现稚拙的幼儿情趣。小朋友们读来会感同身受,在浩浩身上找到自己的影子。

表现手法

稚拙美。稚与拙是婴幼儿固有的生命和行为状态。这种稚拙并非愚昧或者无知的表现,而是婴幼儿的一种思维方式和行为方式。这篇作品的稚拙美主要表现在内容上,展现的是浩浩的心理和生活。当浩浩看到小狗没有穿鞋子时,天真地问妈妈:“狗狗冷吗?它怎么不穿鞋?”妈妈顺口说了一句:“你去问它吧。”天真的浩浩低下头,对着小狗的耳朵说:“小狗狗,你冷吗?我给你穿鞋好吗?”最后他把妈妈买的新鞋子穿在了小狗的两只脚上。幼儿有“自我中心”的倾向,它生发出泛灵性,赋予无生命的物体以生命和意志,对有生命的物体更加同情和关爱。浩浩在对小狗展示出他稚拙淳朴的同情和关爱时,也展现了他最自然、最本真的生命情态。

教学建议

1. 话题延伸，教师根据故事中描述的浩浩给小狗狗穿鞋的故事，让幼儿以“我与狗狗之间的故事”为话题，进行故事创编，鼓励幼儿大胆说话，以培养幼儿的语言表达能力和思维能力。

2. 针对作品中所展现出来的“浩浩对小狗的同情和关爱”这一主题，教师可以以谈话的方式让幼儿爱护小动物。

诗　　歌

儿 歌

椅子上的钉子

小猪坐上小椅子，
屁股扎了一下子。
摸摸小椅子，
上面有钉子，
悄悄换给小兔子。
小兔坐上小椅子，
也被戳了一下子。
找来小锤子，
修好小椅子，
大家都夸小兔子。

（江渠）

教育价值

这是一首字头歌。传统的字头歌往往只强调形式的整齐，忽略了内容的趣味性，而这首儿歌具有生动的文学性和深刻的教育意义，说明了“己所不欲，勿施于人”这样一个道理。

表现手法

字头歌是我国一种古老的儿歌形式，特点是每一句最后都押同一个字。这首儿歌每句都以“子”收尾，一韵到底，具有很强的韵律感，内容风趣、语言亲切，因而深受孩子们的喜爱。

儿歌通篇采用拟人的修辞手法，塑造了小猪和小兔两个鲜明可爱的形象。顽皮的小猪坐到了有钉子的椅子上，于是就把它悄悄换给了小兔子，而小兔被钉子扎到后什么也没说，找来小锤子把椅子修好了。

这首儿歌在结构上采用了对比的方式，两个小动物遇到了同样的事情，处理方法不同，结局也不同。孰是孰非，不言而喻。

幼儿文学作品在孩子的成长过程中具有潜移默化的影响作用。这首儿歌以巧妙的构思以及生动的故事取代生硬无趣的说教，幼儿以后遇到类似的事情就知道应该怎样去做了。

教学建议

1. 开展阅读字头歌的活动，让幼儿进一步感受一字韵的特点。

2. 开展比赛活动，让幼儿说出末尾是“子”字的词语，看谁说得又多又准确。

爱

袋鼠爱它宝乖乖，
怎么爱？
胸前缝个大口袋，
整天抱着不离怀。

老虎爱它宝乖乖，
怎么爱？

用嘴叼着使劲摔，
越摔它越长得快。

青蛙爱它宝乖乖，
怎么爱？
生下扔掉再不睬，
让它自己去成材。

（滕毓旭）

教育价值

这是一首问答歌。爱是一个抽象的概念，这首儿歌通过把爱具体化、形象化，让幼儿懂得母爱的不同方式和深刻内涵。

表现手法

这首多节儿歌内容丰富，作者运用拟人的修辞手法，通过使用“抱着”“叼着”“扔掉”三个动词，形象地为我们展示了袋鼠、老虎、青蛙三种动物不同的母爱方式。

儿歌采用句句押韵的形式，一韵到底，朗朗上口。结构上整齐划一，使用排比段的形式，自问自答，让幼儿在增长知识的同时，获得丰富的审美享受。

教学建议

1. 提问：儿歌中袋鼠、老虎和青蛙用什么方式爱自己的孩子？（引导幼儿找到抱、叼、摔、扔等动词，了解各种动物不同的育儿方式）

2. 师生共同续编创作这首问答歌，如教师问：母鸡爱它宝乖乖，怎么爱？幼儿答：天天跟着不离开。这种一问一答的形式可以有效地激发幼儿的联想和想象能力，丰富幼儿的知识，扩大幼儿的视野。

尖嘴辣椒歪嘴桃

尖嘴辣椒歪嘴桃，
西瓜圆圆穿绿袍，
苦瓜浑身是疙瘩，
柿子熟了皮儿薄，
蘑菇剃个秃儿瓢，
只有鲜藕心眼多，
藏在泥里静悄悄。

（寒枫）

教育价值

这是一首知识类的七言儿歌作品，通过学习这首儿歌幼儿可以掌握更多蔬菜瓜果方面的自然常识。

表现手法

这首儿歌在结构上采用了逢双句押“ao”韵的形式，音韵和谐，朗朗上口。

拟人修辞手法的运用使作品中的意象更加鲜活、生动，突出了辣椒、西瓜、柿子、蘑菇等蔬菜瓜果的外形特点。儿歌的最后一句似乎有意引导读者品味其言外之意、弦外之音，具有一定的教育意义。

优秀的儿歌作品应该满足读者全方位的审美需求，这首儿歌作品不仅具有鲜明的音乐性，还具有丰富的色彩美，可以使读者获得阅读欣赏的极大愉悦。狄德罗曾经说过：“素描赋予人与物以形式；色彩则给它们以生命。它好像一口仙气，把它们吹活了。”作品虽然只在第二句使用了一个“绿”字，但因为所选择的意象本身皆具有色彩感，如辣椒代表红色、桃代表粉色、柿子代表橘色，因而具有鲜明的五彩缤纷的美术效果。

教学建议

1. 以真实的蔬菜瓜果作为教具,引导幼儿仔细观察,说出它们的名字和外部形态特点。

2. 学习儿歌中的叠词“圆圆”“悄悄”,尝试用这种类型的词语来形容蔬菜瓜果的特点。

蟋蟀拉琴

晚会上,
齐鼓掌,
都请蟋蟀唱一唱。
唱一唱,
嘴巴张,
嘴巴张大没声响。
没声响,
不会唱,
蟋蟀两眼泪汪汪。
泪汪汪,
不要慌,
蟋蟀忙把办法想。
办法想,
摩翅膀,
好像琴声真悠扬。
真悠扬,

都夸奖，
小小蟋蟀本领强。

（孙幼忱）

教育价值

这是一首情节生动的连锁调。其独特的顶针形式对培养幼儿的思维和语言能力十分有益。它在内容上通过小蟋蟀的行为鼓励孩子要勇敢，在任何场合都要大胆、沉着地表现自己。

表现手法

这是一首从形式到内容都独具特色的儿歌作品。

在形式上它运用了顶针的修辞手法，即将前句的结尾作为后句的开头，随句相连，易记易唱，并且句句押韵、一韵到底，体现了鲜明的音乐性。

其在内容上一波三折，从开头的“嘴巴张”、“没声响”到“不要慌”、“办法想”，再到最后的“真悠扬，都夸奖”，把蟋蟀克服胆怯的心理，受到大家夸奖的过程表现得淋漓尽致。

教学建议

组织幼儿玩词语接龙的游戏。教师给出一个词语，让幼儿用第一个词最后一个字组出第二个词，如：月亮—亮光—光明……这样可以帮助幼儿更好地体会连锁调两句之间环环相扣，如珠链般串在一起的有趣特点。

霞与鸭

弯弯水田一片霞，
水上游来一群鸭。

霞是五彩霞，

鸭是麻花鸭。

麻花鸭钻进五彩霞，

五彩霞网住麻花鸭。

乐坏了鸭，摇碎了霞，

分不清是鸭还是霞。

（阮居平）

教育价值

这首绕口令不仅能够锻炼幼儿的口齿，提高其语言表达能力，同时也是一首意境优美，极具文学性的儿歌作品。

表现手法

儿歌句句押“ɑ”韵，“霞”与“鸭”两个读音相近的字在句尾交替出现，有助于幼儿发好元音“ɑ”。

作品通过使用一些动词，如游来、钻进、网住、乐坏了、摇碎了等，使意境更富有动感，形象生动地为我们描绘出一幅江南水乡热闹的夕阳美景。

教学建议

通过提问“儿歌中哪些字的读音相近？”“哪几个字不容易读清楚？”“哪几句容易读错？”引导幼儿找出读音相近的字和易读错的句，反复诵读练习。

吃得小脸红彤彤

菠菜绿油油，

萝卜白生生。

冬瓜是个胖娃娃，
番茄像只小灯笼。
样样蔬菜我都爱，
吃得小脸红彤彤。

（杜虹）

教育价值

这是一首教育孩子们不要挑食的儿歌，每一种蔬菜在作者的笔下都被描绘得那么鲜活可爱，读者会情不自禁地喜爱上它们。

表现手法

这首儿歌使用了明喻和暗喻两种修辞手法。明喻使用了比喻词“像”，如“番茄像只小灯笼”；暗喻不用比喻词，只有本体和喻体，用“是”连接，如“冬瓜是个胖娃娃”。两种修辞手法的使用不仅形象生动地突出了蔬菜的特点，而且语言形式多变，避免了单调、重复的描写。

儿歌的前四句还使用了对偶的修辞手法，音节整齐，读起来朗朗上口，体现了语言的音乐美。

儿歌在构词上使用了大量的ABB式表现颜色的词语，有助于幼儿理解、记忆、模仿、使用。

教学建议

1. 让幼儿找出儿歌中ABB式的词语。

2. 模仿这种词语形式说出其他表现颜色的ABB式的词语，例如：金灿灿、黑油油等。

3. 扩展练习，出示一些蔬菜瓜果的图片或实物，让幼儿描述其特点，比一比，看谁说得形象生动。

谜语歌五首

一个小姑娘，
生在水中央，
身穿粉色衫，
坐在绿船上。
（打一植物）

头戴绿帽子，
身穿紫袍子，
小小芝麻籽，
装满一肚子。
（打一蔬菜）

叫猫不是猫，
眼被黑圈包，
竹叶是粮食，
珍贵又稀少。
（打一动物）

十个兄弟住一家，
头上各顶一片瓦，
小事分成两边做，
大事齐心都不怕。
十个兄弟他是谁？

人人身上都有他。

（打一人体器官）

衣服像缎子，

尾巴像剪子，

衔泥修房子，

捉虫喂孩子。

（打一鸟类）

谜底：荷花，茄子，熊猫，手指，燕子。

教育价值

谜语是我国一种极具民族特色的文化形式，猜谜语对于锻炼幼儿的思维能力、联想能力和使幼儿更好地认识事物、把握事物的本质特点都具有积极的作用。对于幼儿来说它既是一种儿歌形式又是一种有趣的游戏活动。

表现手法

谜语歌的谜面一般采用比喻、拟人的修辞手法，从事物的形状、颜色、用途、性能等方面进行描绘，语言浅近，突出其特征；谜底多为日常生活中的具体事物；谜目对谜底的类型加以限制，起到提示读者从某一方面去思考的作用。

幼儿正处于人生的早期阶段，他们知识贫乏，认识能力有限，对周围世界充满好奇心，猜谜活动能够解决他们经常向老师或家长提出的“是什么”“什么样的”“有什么用”等问题，从而满足其好奇心和求知欲。

教学建议

1. 开展谜语竞猜活动，让幼儿介绍自己学到的谜语歌。

2. 教师通过图片或实物的展示同幼儿一起总结事物的特点，创编谜语歌。

3. 邀请家长参加亲子猜谜活动。

小螳螂受了伤

小螳螂，受了伤，
蜻蜓姑娘来帮忙，
架起小小直升机，
送进医院手术房。

小螳螂，受了伤，
白鸽大夫来帮忙，
又打针，又开刀，
抬上白白小病床。

小螳螂，受了伤，
母鸡阿姨来帮忙，
带来一篮大鸡蛋，
请把身体来补养。

小螳螂，受了伤，
蝴蝶护士来帮忙，
又送水，又送药，
还把体温来测量。

小螳螂，受了伤，

东家西家都帮忙，

伤病很快治好了，

又变成健康的小螳螂。

（金本）

教育价值

这是一首情节生动、内容丰富的儿歌作品。小螳螂受伤后小动物们都来照顾和帮助它，所以它的病很快就好了。作者通过这件事告诉小朋友要关心他人、相互帮助。

表现手法

儿歌采用拟人的手法，形象地突出了各种动物的特性，描述了小螳螂受伤后，动物们运用自身特点帮助它。蜻蜓姑娘架直升机运送，白鸽大夫帮忙开刀打针，母鸡阿姨送来补养品鸡蛋，蝴蝶护士送水送药量体温，大家都在尽自己所能帮助小螳螂。

儿歌共分五小节，采用了排比段的形式，情节内容相似但不同，在排比和反复中推进情节的发展，同时也加深了孩子们对儿歌内容的记忆。每一小节都以“小螳螂，受了伤”开头，形象地描述一种动物对小螳螂的帮助，小螳螂“一个人”受伤的事情变成了大家的事情，正是因为“东家西家都帮忙”才使小螳螂“又变成健康的小螳螂”。

教学建议

1. 出示根据儿歌内容绘制的图片，引导幼儿复述小螳螂受伤后，哪些小动物帮助了它？它们都做了些什么？

2. 引导幼儿讨论：如果身边的人生病了，你应该怎么办？

3. 让幼儿体会排比的修辞形式。根据讨论结果，用“×××，受了伤，××

××来帮忙”的形式把内容表达完整,教师再把几组小朋友造的句子排列在一起阅读,让幼儿感受到用排比来说理,在内容上可以达到条理分明的效果,在语言上整齐、富于节奏感,阅读起来朗朗上口。

十二月花

正月梅花香又香。
二月兰花盆里装。
三月桃花红千里。
四月蔷薇靠短墙。
五月石榴红似火。
六月荷花满池塘。
七月栀花头上戴。
八月丹桂满枝香。
九月菊花初开放。
十月芙蓉正上妆。
十一月水仙案上供。
十二月腊梅雪里香。

（传统儿歌）

教育价值

这是一首利用数序结构的自然知识类儿歌。它按照月份的顺序围绕每个月开放的花卉展开,介绍了一些极具特色的花卉,丰富了幼儿的知识。

表现手法

通过一些动词,例如“装”“靠”“戴”“供”等,生动呈现花卉的状态和摆放的位置。

通过使用“香”“红”“满”等形容词，调动幼儿的嗅觉、视觉等多种感觉器官。数字与文学意象结合，扩大了幼儿的知识面。

教学建议

1. 说一说：让幼儿说一说家乡常见的花卉都有哪些？它们都有哪些特点？

2. 排一排：按花开的月份把它们排列出来。

3. 编一编：师生共同模仿这首儿歌的形式创编一首具有家乡特点的《十二月花》。

石榴

石榴婆婆，
宝宝最多，
一个一个，
满屋子坐，
哎呦，哎呦，
挤破小屋。

（林颂英）

教育价值

这是一首趣味盎然的四言儿歌。趣味是儿歌的核心特点，本诗的趣味看似简单，但从深层的心理层面仔细推敲，就会发现主题意味深长。这首儿歌通过描写石榴的外形特点，具体形象地表现了幼儿的生活情趣。

表现手法

这道儿歌篇幅短小,通过采用拟人的手法,把石榴籽比作石榴婆婆的孩子,孩子太多"一个一个"都要"挤破小屋",来表现石榴籽粒饱满的外形特点。

诗歌用词生动准确:第二句中的"最多",夸张地体现出石榴籽的数量;第四句中的"满"字,体现出小屋里人多的状态;倒数第二句中的"哎哟,哎哟"两个拟声词形象地体现出小屋内的人声鼎沸、热闹非凡;最后一句中的"挤"字生动地体现出小屋中人满为患的情形,鲜活的趣味跃然纸上。这种温暖和热闹正是现在的独生子女所渴望的。

教学建议

可以通过猜谜语或实物观察的方法让幼儿了解石榴的外形特征,再让幼儿想想可以把石榴比喻成什么或石榴像什么。

雪地上的小画家

下雪了,下雪了,
雪地上来了一群"小画家"。
小鸡画竹叶,
小狗画梅花,
小鸭画枫叶,
小马画月牙。
不用颜料不用笔,
几步就成一幅画儿。
咦,小熊为啥没参加?
哦,它在树洞里睡着啦……

(程宏明)

教育价值

这首儿歌描绘出了一幅生机勃勃的雪景图画,通过一群“小画家”在雪地上留下的图案,让幼儿懂得各种动物不同的脚印形状,激发幼儿热爱大自然、亲近大自然的思想感情。

表现手法

儿歌中大量使用了反复、拟人、排比、设问等修辞手法,形象生动地帮助幼儿认识小鸡、小狗、小鸭、小马四种动物爪(蹄)子的不同形状。“下雪了”反复出现,表现出了小伙伴们高兴的心情。语气词“咦”“哦”使儿歌更加亲切活泼。通过设问引导幼儿认识有些动物冬眠的特性。

教学建议

1. 教师提问:儿歌中的“小画家”指的是谁?它们在雪地上画了些什么?

2. 教师用简笔画分别画出小鸡、小狗、小鸭、小马,再画出竹叶、梅花、枫叶和月牙,让幼儿一边重复儿歌内容一边进行图案连线。

3. 让幼儿用“因为……,所以说……”的语言格式练习说话(如:因为小鸡的脚印像竹叶,所以说“小鸡画竹叶”),并介绍自己的图案连线。

量词歌

一头牛,两匹马,
三条鲤鱼四只鸭,
五本书,六支笔,
七棵果树八朵花,
九架飞机十辆车。
量词千万别说错,

说错就要闹笑话。

教育价值

这是一首生动有趣的数数歌。它以现实生活中一些常见的事物为基础,可以帮助幼儿正确认识和使用现代汉语中的量词。

表现手法

这首儿歌通过数序和量词把事物有趣地连接起来,让幼儿既学会了数数,又了解了量词,扩大了幼儿的知识面。

数数歌是一种培养幼儿数目观念、训练幼儿识数能力的儿歌。数字是抽象的概念,文学的特点是形象生动,二者巧妙结合,能够使枯燥的识数活动变得生动有趣。

量词是现代汉语中十分常见的一类词,在我们的生活中量词使用频繁,它保证了人们在交际过程中语言表达的准确性和形象性。通过这首儿歌的学习可以提高幼儿准确使用量词的意识,培养幼儿良好的语言习惯。

教学建议

1. 引导幼儿观察教室中的实物或图片,启发幼儿说出身边的量词。

2. 老师准备一个宝盒,里面放入好多宝贝,请小朋友往宝盒里摸一摸,说说摸到的是什么(如:一架飞机、一个足球、一串钥匙)。通过这个游戏引导幼儿熟练使用量词。

幼儿诗

雪花

雪花，
雪花，
你有几个花瓣？
我用手心接住你，
让我数数看，
一、二、三、四、五、六。
咦？
刚数完，
雪花怎么不见了？
只留下一个圆圆的小水点。

望安

教育价值

这是一首抒情诗。其语言浅显、形象化，比较适合幼儿园小、中班的孩子阅读和感知。这首诗利用雪花容易融化的特点，巧妙地设计了小朋友刚数完它有六个瓣儿，它就消失不见，化成了“一个圆圆的小水点”的情节。这样的设计不仅能让幼儿注意到雪花“易化”的特点，还能培养幼儿细心观察的能力，同时，这样变幻莫测的“雪花”也能吸引幼儿的兴趣，进而让孩子爱上冬天，爱上和“调皮”

的雪花嬉戏和玩耍。

表现手法

1. 反复。诗的开头“雪花,雪花”的反复,既增强了诗歌的音乐性,又增加了亲切感,像是在叫它的名字,对着它说话。

2. 拟人。诗的开头用“你”亲切地称呼雪花,仿佛两个好朋友在对话,缩小了自然事物与人之间的天然差距,使得整首诗读起来更加温馨浪漫,充满了融融的暖意。

3. 埋伏笔。作者在构思时匠心独运,采用了埋伏笔的手法,让“雪花”变成了“小水点”,这样做既合情合理,又有出人意料的惊喜。

4. 叠词。用“圆圆”来形容“小水点”符合幼儿的语言习惯,又把“小水点”在“手心”里滚来滚去的活泼意境渲染出来了。

5. 数序的使用。诗中在数雪花有几瓣时加入了“一、二、三、四、五、六”的数序,这样做既能让孩子熟悉一至六的数字顺序,还能让孩子学会耐心观察及使用数字,同时展现了一个画面:一个小朋友伸着手指,嘴里数着数,认真地观察“小雪花”,增加了诗歌的童趣。

教学建议

1. 朗诵。诗歌比较短,音乐性比较强,适合幼儿诵读。在读的过程中要注意读出“咦”的疑问语气,这样才能体会诗人构思的巧妙。

2. 揣摩叠词的使用。诗中用“圆圆”来形容小水点,写出了它的可爱和活泼。给幼儿准备水气球,让幼儿感觉圆圆的能在手中滚来滚去的水气球的趣味,引起幼儿对雪花变成的“小水点”的喜爱。

3. 表演。拿着雪花模型,让幼儿按照诗歌中的语言和动作模拟雪花和小朋友之间的互动,再现诗歌的意境,并且更形象地理解诗歌的语言。

4. 模仿。播放“露珠儿”的介绍短片,让孩子找找“露珠儿”跑到哪里去了,以培养孩子的观察能力。

我是三军总司令

鸟妈妈问我：
小鸟哪儿去了？
我说：
小鸟做了我的飞机。

龟妈妈问我：
小龟哪儿去了？
我说：
小龟做了我的坦克。

鱼妈妈问我：
小鱼哪儿去了？
我说：
小鱼做了我的军舰。

三位妈妈一起问我：
你是谁？
我说：
我是海陆空三军总司令。

（小鹿）

教育价值

这是一首童话诗。由于其需要对于海陆空三军知识的了解,所以适合大班的幼儿学习和阅读。每个孩子都有一个当“英雄”、当“大人物”的梦想,这首诗通过“鸟妈妈”“龟妈妈”“鱼妈妈”和“我”的对话,以童话的想象帮“我”完成了这个梦想,也开启了许多幼儿想象的大门,帮助他们在游戏中通过想象来实现愿望。而且诗中还洋溢着温馨的情感和朴素的爱国热情,是值得弘扬的。

表现手法

1. 拟人。诗中“鸟妈妈”“龟妈妈”“鱼妈妈”和“我”的对话采用了拟人的修辞手法,增加了诗歌的童话色彩,符合幼儿的心理,是幼儿喜欢的表现手法。

2. 比喻。前三节的最后一句运用了比喻的修辞将“小鸟”比作“飞机”,将“小龟”比作“坦克”,将“小鱼”比作“军舰”。这三个比喻巧妙地找到了幼儿生活中经常陪伴他们的动物伙伴与三军军用武器之间的共同点,既形象生动又富于幼儿情趣。

3. 问答。全诗一共四节,每一节都是一问一答的结构,并且在三个并列的问答之后揭晓谜底——我是海陆空三军总司令,这是全诗的精彩之处。经过层层铺垫,一个挺胸抬头、骄傲无比的“三军总司令”形象跃然纸上。

教学建议

1. 知识介绍。播放一段阅兵录像,让幼儿了解一些简单的跟本诗相关的军事知识,并介绍一下三军总司令的职权范围。另外,可以根据孩子的年龄以及接受程度适当渗透一些国际环境知识,使幼儿理解解放军是保卫国家安全、保护人民的“最可爱的人”,培养幼儿的爱国情感以及民族自豪感。

2. 朗诵。可以用多媒体展示鸟、龟、鱼和军官的图片来强化幼儿的记忆。在朗诵最后一句“我是海陆空三军总司令”时,一定要声音洪亮,有自豪感。

3. 表演。让幼儿表演“小鸟”飞、“小龟”爬、“小鱼”游的动作,体会它们同

“飞机”“坦克”“军舰”的共同点，以模仿这种比喻句。

4. 角色模拟游戏。做我是“小老师”“小工程师”“小医生”等角色模拟游戏，了解每种职业的职责。

拉链

天空，有一件蓝蓝的夹克，
飞机飞过去了，
把白色的拉链拉上了。

大地，有一件绿色的外套，
火车开来开去，
把拉链拉上又拉下。

我的家，是一件温暖的大衣，
爸爸妈妈吵架时，
把拉链拉开了，
淘气的弟弟跑跑跳跳，
把拉链轻轻拉上。

（陈木城）

教育价值

本诗用“拉链”巧妙地将“天”“地”“家”三者联系起来，特别是最后一节“我的家，是一件温暖的大衣，爸爸妈妈吵架时，把拉链拉开了”，家变得不再温暖，可当“淘气的弟弟跑跑跳跳，把拉链轻轻拉上”时，家又可以给我们温暖了。父母吵架不可避免，这时幼儿怎么办，不仅家长要关注，幼儿教师也应该作正确的引导，避免因为大人的过错而在孩子心里留下阴影，影响其性格的健康发展。家长也应该认识到，父母之间的关系对于家庭的和谐、孩子的成长是非常重要的。

表现手法

1. 比喻。全诗三节，运用了三组比喻，每一组比喻都是形象而生动的。第一节中把蓝天比喻成“夹克”，白云是它的“拉链”，飞机在空中飞过，隐入云层，仿佛把“拉链”拉上了。第二节中把大地上的绿色植物比喻成“外套”，当火车在青山绿水间穿行时，仿佛“把拉链拉上又拉下”。第三节中把“我的家”比喻成“大衣”，家庭成员之间的关系是“拉链”“拉开”和“拉上”的关键。三组比喻以“拉链”贯穿，和谐而又统一。

2. 叠词。“蓝蓝的”“跑跑跳跳”等叠词的使用除赋予了诗歌以音乐美之外，还增加了童趣。尤其是最后一节中的“跑跑跳跳”更是让我们看到了一个活泼可爱的小男孩儿，他用纯真的笑声瞬间融化了吵架中的父母的心，让他们的怒气化为乌有。

教学建议

1. 造句。体会“有”和“是”的区别，这样能更好地理解三组比喻的本体。

2. 模仿。以“纽扣”“鞋带”等为题，让幼儿给这首诗“换新颜”，通过找和“纽扣”“鞋带”相似的事物，更好地理解比喻的用法。

3. 表演。让孩子穿一件有拉链的外衣，体会把拉链拉上的温暖，像家一样，如果把拉链拉开，温暖就不存在了，就好像爸爸妈妈吵架时的家。

4. 谈话。让幼儿谈谈当他们遇到父母吵架时是怎么做的。引导幼儿做家庭的“拉链”，并疏导他们因父母吵架而带来的不良情绪。

5. 朗诵。让幼儿回家把诗念给父母听，用纯真的语言影响家长，营造和谐的家庭氛围，让孩子快乐健康地成长。

哥哥

眼睛不看住哥哥，
叫哥哥，
哥哥不理我，
不肯做我的哥哥。

眼睛看住哥哥，
叫哥哥，
哥哥抱住我，
做了我的好哥哥。

（圣野）

教育价值

这首诗篇幅短小，语言浅显，主题单纯直白，适合小班、中班的幼儿阅读体会。本诗告诉幼儿在跟人说话时，要看着对方，才是尊重别人，反过来别人才会尊重并喜欢你，大家才能成为朋友。现在的幼儿多是独生子女，他们渴望朋友和玩伴，可具体应该怎样做呢？这首诗用不同做法带来的不同效果直观地告诉孩子：要想交到好朋友，首先要互相尊重。

表现手法

1. 顶真。诗中每一节的第二三句都运用了顶真的修辞手法。这使得整首诗读起来音韵和谐悦耳，朗朗上口，好记易诵。

2. 对比。这首诗两节运用对比的手法来写。第一节中“叫哥哥”时由于眼睛没有看“哥哥”，所以“哥哥”没有“理我”，也不肯跟“我”玩；而第二节中“叫哥哥”时看了“哥哥”，所以，“哥哥”转变了态度愿意跟“我”玩，并且“抱住我”。作者运用这样巧妙的前后做法和态度的对比，虽然没有一个字的直接说教，但是，恐怕连孩子都知道与人说话时应该尊重对方，看着对方。

教学建议

1. 朗诵。本诗篇幅短小，音韵和谐，适合幼儿朗诵。朗诵时要注意前后两节情绪的变化。

2. 表演。让幼儿表演与人说话时看着对方说话和不看对方说话的两种情形，理解为什么只有专注地看着对方，对方才会觉得被尊重。

3. 延伸训练。让幼儿想想平时在与小朋友交往中遇到的一些使用礼貌用语和不使用礼貌用语的情况。让幼儿学会与人相处，学会融入集体。

我是男子汉

如果今天夜里突然起风
不要害怕，妈妈
我是家里的男子汉

我已经六岁了，我是男子汉
我会举起长长的陀螺鞭子
把不听话的风
赶到没有灯光的角落
让它罚站

爸爸不会回来，今天不是星期天
妈妈你不要发愁

我是男子汉
我会用爸爸使过的锯子和斧子
给你劈开生炉子的柴
叔叔说男子汉就是有出息
妈妈你也有一个出息

如果你收到一封
从天上拍来的电报
那就是你的男子汉儿子
要摘来一颗星星
照你写字到很晚很晚

（傅天琳）

教育价值

本诗以一个小男孩儿天真、稚拙的口吻写出了一个小男子汉对妈妈的关心和爱，塑造了一个坚强、勇敢、懂事、善良的小男孩儿形象，他懂得保护和关心妈妈，是个真正的男子汉。

在男孩儿的成长过程中，陪伴他们最多的，大部分是女性，这就使得很多男孩儿性格上缺少阳刚、坚韧的一面。阅读这首诗可以帮助男孩儿树立“我是男子汉”的意识。要成为男子汉，不但自己要坚强勇敢，更应该保护和关心身边的人。这首幼儿诗比较适合中、大班的孩子阅读，在这一阶段，孩子们已经逐渐认识到性别的差异了。

表现手法

1. 拟人。诗中第二节运用了拟人的修辞手法，把让妈妈害怕的呼啸而过的“风”写成不听话的孩子，应该被罚站。这样写不仅让我们看到了诗中的小男孩儿的勇敢，更让我们意识到他真的只是个孩子，他的想法具有孩子式的单纯和稚拙，十分可爱。

2. 假设句式。诗中第一节和最后一节都运用了“如果……”的假设句式，这说明这两节的内容没有真实发生。要让孩子理解，“如果”是一个虚词，它的意思比较抽象，可以举例帮助幼儿积累这种假设词的用法。

3. 童趣。诗中第三节最后一句“妈妈你也有一个出息”从语法的角度看是个病句，但这是小男孩儿的语言，它让我们意识到诗中的主人公只是个孩子，他从语言到心理都是那么天真可爱，也使得全诗充满童趣。

教学建议

1. 诵读。幼儿诗是“浅语的艺术”，多读多品味，才能体会其中的深意和情感。特别要注意到其实小男孩儿在勇敢的同时，也是害怕的，从把“风赶到没有灯光的角落，让它罚站”可以看出他也是害怕黑暗的，可是为了保护妈妈，他可以克服心里的恐惧。这让我们感受到了他的勇敢坚强和对妈妈的爱。

2. 造句。诗中运用了“如果……”的假设句式，让孩子们用它造句，能够使其更好地掌握这种句式的用法。

3. 模仿。让男孩子们说说自己平时都会遇到哪些让他们害怕的事情，并且是怎么应对的。教师可以帮助孩子发挥想象，像小男孩教训“不听话的风”一样，克服恐惧，变得坚强、勇敢。

4. 延伸训练。让孩子们说说自己心目中的男子汉是什么样的，拥有哪些品质。鼓励男孩们都争当小男子汉。

古 诗

咏 鹅

洛宾王

鹅,鹅,鹅,曲项向天歌。
白毛浮绿水,红掌拨清波。

诗意:在池塘里游泳的白鹅弯曲着脖子朝天空唱歌,它们那身洁白的羽毛浮在绿色的水面上,红色的脚掌拨动着清清的水波向前划去。

教育价值

这首诗适合幼儿园小、中班的幼儿学习,是唐代的洛宾王七岁时所写的一首咏物诗,也是我国最早的一首幼儿诗,作品用欢快的、具有节奏性的语言将一群白鹅在水中自由自在游来游去的情景描写了出来。诗人从观察者的角度将白鹅的外部形态展现在读者面前,为幼儿描绘出一幅轻松、活泼、闲适的画面,这正是幼儿所向往的一种生活状态。

表现手法

1. 第一句中,作者运用了三个“鹅”字,既是孩子看见白鹅,脱口而喊出的“鹅”,又像是一群白鹅游到兴起时,“鹅、鹅”的相互交流、叫唤,拟声词的运用不仅可以吸引小朋友的注意力,而且节奏感特别强,可以随之一起诵读。

2. 第二句中,“歌”字运用了拟人的写作手法。在河中游泳的白鹅看到一群孩子正在看着它们,游得更加起劲了,弯曲着脖子对着天空叫唤,被作者说成是在唱歌,想象力在这一刻得到了很大的发挥。

3. 第三、四句主要描写白鹅游泳时的状态,鲜明的色彩白、绿、红互相映衬,又运用了浮、拨两个动词将白鹅悠然自得的形态表现出来。

教学建议

1. 配上适当的音乐诵读整首诗,带领幼儿体会悠闲自得的景象,使幼儿脑中形成整幅画面,重点体会“鹅”和“歌”两个字。教师可以带领幼儿初步体会拟声词。

2. 体会拟人手法的运用,教师可以列举一些运用了拟人手法的语句,让幼儿感受如何将事物用人的动作表现出来。

3. 事先准备整幅画面的图片,让幼儿填充诗中所出现的白、绿、红等颜色。

4. 适当表演。让幼儿边诵读诗歌边配以一定的动作表现整首诗的内容,体会动词“浮”“拨”。要重点表演出弯曲着脖子对着天空唱歌及浮在水面上、拨动着水向前游去。

咏柳

贺之章

碧玉妆成一树高,万条垂下绿丝绦。
不知细叶谁裁出,二月春风似剪刀。

诗意:高高的柳树像是用碧玉装饰成的,千万条枝条垂下来就像绿色的丝带一样,不知道柳树细细的叶子是谁裁剪出来的,原来是二月的春风,它就像一把剪刀一样。

教育价值

这首诗适合幼儿园中、大班的幼儿。这是一首咏物诗，作者通过赞美柳树表达对春天的无比热爱之情。作者的观察特别细致、独特，抓住了柳树的几个关键特征将春天到来、生机盎然的景象及感受到春天气息的人们内心的无限喜悦之情传递出来。整个春天绚丽的景象在幼儿的内心和脑海中形成了一幅美妙的画卷，能增强他们的想象力。拟人、比喻手法的运用使诗更加生动、活泼。

表现手法

1. 第一句主要描写树，写了树的颜色——碧绿色，告诉读者此时已是一派生机盎然的景象，绿色的树配上暖暖的春风让人心里暖融融的。“妆”字作者运用了拟人的写作手法，此时树的绿色就像美女化的妆一样诱人、可爱，让人眼前一亮。

2. 第二句主要描写树枝，用数量词来表现作者所看到的柳树之多，其中比喻运用得很恰当，将柳树的整体形象展现出来。就像千万条丝带一样垂下来，一阵风吹过来，摇曳着甚是好看。

3. 第三句主要描写树叶，对于树叶的描写看似寥寥几笔，却将柳树叶不同于其他树叶的那种纤细、婀娜的形态用“裁”字展现了出来，像是有心人刻意要将柳树叶剪成现在的样子似的。

4. 第四句主要描写春风，也起到了总结全诗的作用，让人恍然大悟，原来所有的美景，柳树漂亮的枝条、细细的树叶都出自那把灵巧的剪刀——二月的春风。拟人手法的运用在此最恰到好处。

教学建议

1. 教师配以与春天有关的柔美音乐指导幼儿诵读这首诗。

2. 装备道具，柳树、柳叶的图片或是幻灯片，带领学生回忆春天时柳树的样子，并畅所欲言说一说记忆中的春天是什么样的。(重点说出柳树、树叶和春风)

3. 让幼儿亲手剪些自己心中的柳树叶，并涂好颜色，教师发放事先准备好的柳树图片，让幼儿将涂好颜色的柳树叶贴到上面，可以同时吟诵本诗。

九月九日忆山东兄弟

王维

独在异乡为异客，每逢佳节倍思亲。

遥知兄弟登高处，遍插茱萸少一人。

诗意：我独自一人离开家乡来到别的城市，每到过节时就更加思念家乡的亲人，到九月九日重阳节那天，我的兄弟都登上高的地方，每个人都插着茱萸的时候却只少了我一个人。

教育价值

这首诗适合幼儿园大班的幼儿。此诗是作者十七岁时因为重阳节思念家乡亲人而作，主要抒发了身在异乡的游子时逢佳节对亲人朋友的思念之情。异乡越是繁华热闹，他们就越显得孤独、举目无亲，这首诗可以引起有这些经历的人的共鸣。本首诗可以增加幼儿对节日的认识：重阳节又名老年节，其在不同的地方风俗习惯也不相同，在作者的家乡重阳节那天要登高并配戴茱萸（一种有香气的植物）。通过学习本首诗让幼儿感受节日期间同家人团聚的欢乐，体会作者身在异地的孤独、思乡的凄凉情感。

表现手法

1. 首句中一个“独”字、两个“异”字尤为突出，深刻体现了作者身处异乡与自己为伴的孤独，尤其是在佳节时分，这种内心的孤独感立刻爆发出来。

2. 在第二句中以一个“倍”字道出自己是以几倍的情感去思念亲朋好友。中国人对节日很重视，主要讲究人气、团圆，而此时作者却是独自一人。

3. 作者创作的最高明之处体现在最后两句中，表面上我们看到的是兄弟们登高，插茱萸少一个人，但他并没有说少的是自己还是别人，由自己思乡想到了在节日中亲人也一定在思念着自己，从而深入刻画了诗人珍惜手足、朋友之情。

教学建议

1. 教师可以利用幻灯片向幼儿多介绍一些中国的传统节日，在这些节日中，我们都有什么样的风俗习惯，同时让幼儿体会节日中团圆、快乐的氛围，并各抒己见。

2. 让幼儿体会什么是孤独，并说一说自己是否有孤独的时候，当自己一个人，没有小朋友、家长陪伴的时候是怎样一种感觉，可以配以凄凉的音乐达到想要的教学效果。

3. 教师可以设计一个片断，让孩子来表演。一天早上军军按时来到学校上课，前几天他和好朋友丽丽、胖胖说了今天是他的生日，但没有人祝福他，他有些失望，就在他打开教室门的那一刻，他的好朋友们拿着一个点着蜡烛的生日蛋糕走到他的面前。找不同的幼儿将后面的表演继续完成。如果你是军军，看到此时的情景你会怎样？通过这个活动让幼儿体会从孤独到有一群小朋友欢乐陪伴的情感变化。

游子吟

孟郊

慈母手中线，游子身上衣。
临行密密缝，意恐迟迟归。
谁言寸草心，报得三春晖。

诗意：慈祥和蔼的母亲用手中的线为将要远行的孩子赶制新衣，临行前她更加严严实实地缝制，担心孩子此去难得回来。用我们像小草那样微不足道的孝心怎能报答得了像春天的阳光般的母爱啊！

教育价值

这首诗适合幼儿园中、大班的幼儿。作者孟郊年轻时长年过着颠沛流离、居无定所的生活，尤其让他痛苦的是与母亲的分离。全诗描写的是临别的时候慈祥的母亲为他缝制衣服的普通场景，却将诗人内心对母亲深深依恋的情感表现了出来，母亲对孩子的爱无时无刻不让我们这些为人子女的感到温暖，大爱不言谢，因为这是我们用一辈子也无法还完的。通过这首诗让幼儿感受什么是母爱，并学会感恩。

表现手法

1. 全诗前四句采用直接法，为读者叙述了一件普通得不能再普通的事，"慈"字显得比较笼统，每个人对自己慈祥母亲的诠释和感受是不同的。

2. 第三、四句中运用了叠词"密密""迟迟"，增加了诗的节奏感和韵味，更增添了一定的感情色彩。其中"密密"将慈母对我的一片深笃之情刻画出来，我们可以想象这样一个场面，深夜，母亲点灯熬油为儿子缝制新衣，每一行都缝得非常细致认真，就是怕孩子不知道什么时候归来，破损的衣服没人给缝，所以，缝进去的是满满的母爱，是母亲的担忧。其实，老人的内心何尝不盼望儿子早些平安归来呢。这种日常生活中最细小、微不足道的地方，在作者笔下却显得朴素自然、亲切感人。

3. 没有更多的言语，没有感动的泪花，然而爱却在最普通的生活场景中表现了出来，拨动着读者的心弦。作者把我们对父母的孝心用"寸草"来表现，说明相较大爱来说，我们所做的是多么微不足道。

教学建议

1. 以"你爱你的妈妈吗？"为主题，让幼儿说一说他们都为妈妈做过些什么，是用什么样的方式表达对妈妈的爱的，并用画笔画出妈妈。

2. 你的妈妈爱你吗？她天天都在重复着为你做什么？让幼儿体会妈妈是如

何充满着爱意在为我们做着那么事情的。

3. 可以结合绘本《猜猜我有多爱你》让幼儿感受母爱的伟大。

4. 配以歌唱妈妈的歌曲,让幼儿进一步体会和感受母爱。

5. 让幼儿回家后帮助妈妈做一件力所能及的事情,并用语言表达自己是如何爱妈妈的。

6. 找一些幼儿在日常生活中经常运用的叠词,让其初步体会什么是叠词。

散　文

抒情散文

花园里有什么

猜猜看！花园里，
看得到的是什么？
看不到的是什么？

不用猜，我知道。
花园里，
看得到的是：
丁香花、
酢浆草、
金盏菊，
以及小小的椰子树；
还有……
还有……
哎呀！太多了，
我说不完啦！
花园里，
看不到的是：
花草的清香，

凉凉的微风。

还有呢?

还有……
还有……
哎呀!我不知道啦!
我没看见,怎么会知道呢?

翻开土地来看一看!
里头有什么东西?

哇!
这是树的根,
这是草的根,
这是还在睡觉的小蝉,
这是蚯蚓挖的隧道,
这是小蚂蚁的家,
这是小蚂蚁的蛋。
还有……
还有多得说不完的东西……

这一些用眼睛看不到,
因为它们都藏在泥土里。

有一些东西,

有时看得到，
有时看不到，
你知道那是什么吗？

像藏在树叶下面的
毛毛虫，
藏在草丛里的
蚱蜢，
以及停在花朵上面的
小蝴蝶……

只要它们不动，
你就很难看到。

因为树叶是
小虫的隐身衣，
因为草是
蚱蜢的隐身衣，
因为花是
蝴蝶的隐身衣，
因为……
穿上隐身衣
它们就好像不见了。

还有一些东西，
它们躲在树干里，

躲在花苞里，
躲在种子里，
不出来,你是看不到的。

它们是什么？
它们就是嫩嫩的绿芽、
漂亮的花、
快要长出来的小树。
不过，
有些东西是真的看不见的。
要用耳朵才听得见，
要用鼻子才闻得到。
那是小虫铃铃的叫声，
那是花草淡淡的香味。
还有些东西，
是用耳朵也听不到，
用鼻子也闻不出来的。
那是空气，
以及树叶从耳朵旁边划过去时
那种痒痒的感觉。
嘘——
竖起耳朵仔细听，
你有没有听到
小虫铃铃的叫声。
嘘——
睁开眼睛仔细看，

你有没有看到
花草正在抽芽。
嘘——
翻开泥土仔细瞧，
你有没有看到
土里的蝉宝宝，
正在睡香香甜甜的午觉。
嘘——
嘘——
嘘——
小声点，不要吓跑了
花园里各种看得到、
看不到的小可爱。

（洪志明）

教育价值

本篇散文诗适合大班的幼儿。“幼儿散文要用儿童的眼光去看待世界，儿童的眼睛天然幻化出诗的世界。”这篇散文诗带领幼儿走进了一个精彩奇妙的世界，感受微微清风、花草树木、鸟语花香，让孩子们用自己的生活经验发现花园里的秘密，用自己的眼光感知花园，学会探索、发现、研究，感受浓浓的诗意美，可以陶冶幼儿的情操，提升幼儿的审美情趣。大班幼儿语言表达已经相对完整，但描绘事物的语言还不够生动丰富。教师可以从幼儿的经验出发，鼓励幼儿用完整的句子表达自己在花园里的发现。

表现手法

《花园里有什么》是一篇明丽活泼的散文诗，结构清晰，富有节奏感。作者以独特的视角，围绕线索“花园里，看得到的是……”“花园里，看不到的是……”“有一些东西，有时看得到，有时看不到”，激发幼儿的好奇心与想象力，在花园里感受大自然珍贵的馈赠。重复句式的运用，例如，“还有……还有……”“这是……这是……”“因为……因为……”，将花园里各种看得见的、看不见的、感受得到的、感受不到的事物，以生动的比喻、优美的语言、排比的句式呈现在孩子们的眼前，色彩柔和美丽，营造出了和谐动人的意境。

教育建议

1. 花园里生物比较多，教师可以在课前准备花园的模拟图以及花园里各种生物的图片，让幼儿通过观看图片有比较直观的感受，激发学习散文的兴趣。引导幼儿说说花园里到底有什么。幼儿的学习离不开生活经验，亲身感受是十分重要的，如条件允许教师可带幼儿走进小花园，让他们用自己的眼睛去观察与发现看得见、看不见的东西，并用自己的方式进行记录，把获得的经验用语言表达出来，为教学活动的开展作准备和铺垫。

2. 散文诗本身具有很强的音乐性，教师选择抒情的音乐作为背景能够很好地帮助幼儿感受与理解作品。幼儿可倾听教师有感情地朗诵，或自己朗读，以得多种感知，教师可以通过抑扬顿挫的语调、充满情感的声音传递散文诗所展现的浓浓的诗意美。

3. 教师可帮助幼儿经历从感知到理解，进而到运用和创造经验的过程。引导幼儿初步运用文学语言仿编散文诗中的语句，“花园里，看得到的是……”“花园里，看不到的是……”“有一些东西，有时看得到，有时看不到”以及重复句式，例如“还有……还有……”“这是……这是……”“因为……因为……”等。

月牙儿，一晃一晃

月牙儿，一晃一晃。

北方的娃娃说，那是一盏冰灯，挂在天空高高的屋檐下。星星，是冰灯滴落的水花。

月牙儿，一晃一晃。

南方的娃娃说，那是一只小船，在天湖里采菱。菱角，就是那闪亮的星星。

月牙儿，一晃一晃。

星星又怎么说呢？哦，那是星宝宝睡觉的摇篮，又是睡醒后宝宝爱荡的秋千。

（夏辇生）

教育价值

本篇作品适合大班的幼儿。大班的幼儿已经具有一定的口语表达能力和丰富的想象力，《月牙儿，一晃一晃》句式整齐、语句重复，可以让幼儿对其进行仿编，以促进幼儿积极表达自己的欣赏感受，激发其孩子学习的热情，把带入一个充满无限遐想的天地，感受到散文的语言中所饱含的童趣美感。散文取材于生活，因此能丰富幼儿的生活经验，培养幼儿的感悟力，提高其语言水平。

表现手法

夜幕星空，有一个弯弯的月亮。月牙儿，一晃一晃，摇曳深情。让孩子在这个过程中享受心灵的愉悦与憩息，让月光般的纯净静谧扎根在他们心灵的园地中。

散文《月牙儿，一晃一晃》结构简单，意境优美，易于幼儿理解，主要通过对月牙儿形状的遐想，像冰灯、像小船、像秋千，用文学特有的比喻、夸张的手法，生动而优美的语句，让孩子们感受到了文学作品的韵律美、形式美和意境美。它想象大胆奇特又贴近孩子的生活，符合他们的认知水平，加上语句重复，句式整齐，因此非常适合大班的幼儿学习和仿编。

教学建议

1. 建议教师配乐完整朗诵，使孩子们对整篇散文的意境有初步的感受，对散文的内容有一个大概的了解。逐句欣赏分析有助于幼儿理解记忆散文的内容，体会散文的优美意境，从而增强了对散文的兴趣。

2. 设计多个提问为仿编作好铺垫，让幼儿根据月牙儿的形状找出生活中相似的物品进行仿编。

(1)散文中的月牙儿分别像什么？

(2)为什么说月牙儿像冰灯，它与冰灯有哪些相似的地方？星星与滴落的水花在哪方面比较相似？

(3)为什么说月牙儿像小船，它与小船有哪些相似的地方？为什么把星星比作菱角？

(4)为什么说月牙儿像秋千，它与秋千有哪些相似的地方？

3. 教师可以通过展示月牙儿的图片，让幼儿用添几笔的方式想象生活中什么东西弯弯的像月牙儿(如：眉毛、篮子……)。在仿编的过程中帮助幼儿提炼语言，并有感情地朗读仿编的散文。

家是什么

家是什么？家，是一盏灯、一扇窗户、一张柔软的床。

有了灯，不再害怕夜晚没有星星和月亮。

有了窗户，不再担心风吹和雨打。

有了床，累了，困了，可以睡上甜甜的觉，做个美美的梦。

家是太阳，爸爸妈妈的笑容，是温暖的阳光。

教育价值

本篇散文适合大班的幼儿,符合大班幼儿的学习特点,可以很好地为幼儿所接受。引导幼儿多接触温馨优美的散文作品,可以使其感受到语言的丰富和优美,提高文学素养,陶冶情操。幼儿对家的理解通常是可以居住的地方,家里有哪些家庭成员等。散文《家是什么》让幼儿在对家的原有认知的基础上,进一步理解了"家"的真正含义,可以增进其对家和家人的感情。散文能够给幼儿清楚明了的记忆和想象线索,便于幼儿理解和感受,充分发挥想象力和语言能力。

表现手法

家是多么温暖的名字,它是幼儿最美好的依恋,是幼儿成长的幸福城堡。孩子就像一只小船,而家就是小船离不开的港湾。

散文《家是什么》字里行间饱含浓浓的暖意,是一篇充满幸福温情、诗情画意的作品。散文对家作了巧妙的比喻和联想,具体而又形象。文中"家,是一盏灯、一扇窗户、一张柔软的床。""不再害怕夜晚"" 不再担心风吹和雨打""可以睡上甜甜的觉,做个美美的梦。"等优美的语言描绘了家的温馨、甜蜜、安全,可以让幼儿感受与家人一起生活的舒适、甜美,体会父母对自己的爱,培养幼儿爱家及爱家人情感。

教学建议

1. 教师可以创设情境,营造温馨的氛围,调动幼儿的情绪。如用幼儿比较熟悉的歌曲《让爱住我家》导入主题,让其感受歌词中对爱的诠释:"爱是不吵架常常陪我玩耍""爱就是忍耐家庭所有繁杂""爱就是付出让家不缺乏""爱就是感谢不记任何代价""爱就是珍惜时光和年华"等。教师与幼儿交流分享,通过说说自己家里发生的趣事让幼儿感受家的含义,感受家的温馨,萌发爱家爱亲人的情感。

2. 引导幼儿感受这篇散文的画面美和语言美,逐步加深对家的感觉,理解家的含义。让幼儿通过说说喜欢散文中的哪一句，进一步熟悉内容，同时理解散文中的比喻。例如，为什么说家是一盏灯？一扇窗户？一张柔软的床？一轮太阳？

3. 教师引导幼儿用优美的语言抒发自己对家的感受，例如：散文里把家比作一盏灯、一扇窗户、一张柔软的床、一轮太阳，在你们心里家还是什么呢？想一想，说给旁边的小朋友听听。教师聆听幼儿的表述，鼓励幼儿大胆地抒发自己对家的认识和感受。教师与幼儿互动，复述幼儿的讲述，引导幼儿对散文中优美的语句进行模仿。

梦姐姐的花篮

在一片深绿色的树林里，住着美丽的梦姐姐。梦姐姐长着一对会飞的翅膀，胳膊上总是挽着一只轻巧的花篮，篮里装满五颜六色的花朵。

白天，梦姐姐很少露面，可是每天夜晚，梦姐姐都会提着花篮，从林中轻轻飞出来。

小黄鸡正靠在妈妈身边香甜地睡觉，梦姐姐飞过来，在它的身边撒下一朵黄色的花。于是，小黄鸡做了一个黄色的梦。它梦见金黄的太阳，金黄的田野，田野上开满金黄的油菜花。

小青蛙正在水草边静静地睡觉，梦姐姐飞过来，在它身边撒了一朵绿色的花。于是，小青蛙做了一个绿色的梦，它梦见碧绿的湖水，碧绿的荷叶，荷叶里有一个碧绿的莲蓬。

小红鸟用脚爪抓住树枝，在树上睡觉。梦姐姐飞过来，在它身边撒下一朵红色的花。于是，小红鸟做了一个红色的梦。它梦见火红的枫叶，火红的果子，天边照耀着火红的晚霞。

梦姐姐最喜欢那些爱幻想的孩子，她觉得这样的孩子可比小黄鸡、小青蛙和小红鸟可爱多了，所以，她总是把最美最好的梦送给孩子们。

教育价值

本篇散文恬静优美，富有童趣，弥漫着宁静温馨的气氛。梦是夜晚入睡后出现的现象，幼儿也会做梦，他们对梦有着浓厚的兴趣，这一话题可以引起孩子的共鸣。引导幼儿理解散文内容，感受散文中表达的颜色与梦的关系，并且在画面的基础上进行再造想象，大胆地表达自己的所思、所想。让幼儿较深刻地领会作品的内涵，感受作品的语言美、意境美，以激发幼儿的想象力，开发幼儿的语言表达能力。

表现手法

梦的惬怀，变成一缕缕色彩交替的画面，在美丽的虚幻中栩栩如生。

本篇散文充满着梦幻的色彩，它以丰富的想象向人们展示了各种颜色的魅力，通过拟人的手法、排比式的段落、生动形象的语言以及梦姐姐撒花的形式向人们展示了小动物们五彩缤纷的梦，让幼儿发现花朵与梦的关系，感受温馨、优美、充满幻想的意境。

教育建议

1. 建议教师在教学过程中设计连续提示性问题，让幼儿回忆已有经验，切入主题。

(1)说说你做过什么样子的梦？

(2)梦姐姐是怎样让小动物做梦的？

(3)小黄鸡、小青蛙、小红鸟都梦到了什么？(提示幼儿用散文中的语言“金黄的太阳”“碧绿的湖水”“火红的枫叶”等来回答问题，丰富幼儿的经验)

(4)为什么梦姐姐送给小黄鸡一朵黄色的花，小黄鸡就做了一个黄色的梦；送给小青蛙一朵绿色的花，小青蛙就做了一个绿色的梦；送给小红鸟一朵红色的花，小红鸟就做了一个红色的梦？教师适时展示与散文情节相应的五颜六色的图片,吸引幼儿的兴趣,调动幼儿的感官,引导幼儿理解花朵与梦的关系,并初步理解梦境与小动物的微妙关系。

2. 鼓励幼儿大胆想象,创编散文。

(1)梦姐姐除了给小黄鸡、小青蛙、小红鸟送去了梦,她还会给哪些小动物送去什么颜色的花?让它做什么颜色的梦?它又会梦到什么呢?

(2)散文最后一段写道,“梦姐姐最喜欢那些爱幻想的孩子,她觉得这样的孩子可比小黄鸡、小青蛙和小红鸟可爱多了,所以,她总是把最美最好的梦送给孩子们。”梦姐姐会不会给小朋友们送来美丽的花?教师分别给每个幼儿发放一朵不同颜色的花,请幼儿互相讨论,大胆构思自己的彩色的梦。引导幼儿用文中优美完整的句式回答:梦姐姐送给我一朵××颜色的花,我会做一个××颜色的梦,我梦到了……

蒲公英

青草地上开着许多小野花,我最喜欢蒲公英。蒲公英开着黄色的小花朵。

多么有趣的蒲公英。它的花朵凋谢后,花托上会结出雪白的绒毛似的球。田野的风吹着,那雪白的绒毛在天空中飞扬起来,比柳絮还要轻。飞着飞着,又像一片片雪花,从空中轻盈地降落下来。

教育价值

本篇散文适合大班的幼儿。这一阶段的孩子具备一定的生活经验,积累了一些简单的形容词汇,具有一定的想象、体悟能力。本篇散文能够让幼儿体验蒲公英的轻盈与优美,萌生热爱大自然的美好情感,学习比喻手法的巧妙运用,也可以让其通过对植物的认识进行新的创编。在教师的层层引导下,幼儿能够由浅入深地感知并体验散文中所蕴含的语言美和意境美,从而提升文学审美情趣。

表现手法

蒲公英在天空中飞扬漫舞,像极了晶莹撒满大地的雪花。在洋溢着青春和童心的文字里,读者能感受到天地的美丽、万物的清新、自然的风采。

本篇散文简洁短小,易于幼儿接受与理解。它巧妙地运用比喻的修辞手法,将蒲公英比喻成"球""柳絮""雪花",并借助"飞扬""轻盈"等优美的词汇,将作者对蒲公英的喜爱之情充分渲染出来,表现出了作者热爱大自然,向往田园生活的质朴情感。

教学建议

1. 在教学活动中,建议教师充分调动幼儿的视觉、听觉等多种感官来欣赏散文,引导幼儿逐步观察、想象。教师可以展示蒲公英的图片或视频短片,引导幼儿观察蒲公英的外形特征,感知蒲公英的形象。散文中三处比喻手法的巧妙运用,拓展了幼儿的想象力和思维力。例如,散文中写道"花托上会结出雪白的绒毛似的球",幼儿通过自主观察,可以更直观地体会把球冠比喻成"球"的用意。让幼儿观察蒲公英的外形,说说它的"有趣之处";感知散文中蒲公英优美的样子,并扩展想象其他的植物,运用恰当的词语进行描述。教师通过调动幼儿已有的经验,扩展其想象,让其在理解后进行简单的创编。

2. 鼓励幼儿用自己的肢体语言模拟、表演蒲公英"飞扬""降落"等动态,幼儿能结合自己的理解,用身体动作展示"飞扬"等姿态,有助于幼儿逐步理解这些优美词汇的语意,感悟散文中轻柔、美好的意境。

3. 大班孩子具备一定的生活经验,具有一定的想象、体悟能力。教师可以让幼儿循序渐进、深入浅出地了解一些简单的表现手法,积累散文中的优美语句。感悟散文《蒲公英》中所蕴含的语言美和意境美,有助于提升幼儿的文学欣赏能力和艺术感悟能力。

抱抱

美好的早晨，太阳公公露出了它的笑脸，将金灿灿的阳光洒向大地。

阳光照进森林里，大象妈妈和大象宝宝亲密地拥抱，它们把鼻子卷在一起，微笑地互相说："宝宝，我爱你！""妈妈，我爱你！"

阳光照在草地上，小羊妈妈和小羊宝宝亲密地拥抱，它们把耳朵碰在一起，微笑地互相说："宝宝，我爱你！""妈妈，我爱你！"

阳光照在大树上，小熊妈妈和小熊宝宝亲密地拥抱，它们把肩膀搂在一起，微笑地互相说："宝宝，我爱你！""妈妈，我爱你！"

阳光照在小河边，河马妈妈和河马宝宝亲密地拥抱，它们把身体叠在一起，微笑地互相说："宝宝，我爱你！""妈妈，我爱你！"

教育价值

陶行知先生曾说过："爱是一种伟大的力量，没有爱就没有教育。"对幼儿进行爱的教育是幼教工作者必须负起的责任。本篇作品适合小班的幼儿，小班的幼儿依恋情结很重，特别需要安全感。这一阶段的孩子特别渴望大人亲密的拥抱，需要爱的支持。教师应为孩子创造一个自由、宽松的交往环境，引导孩子用语言和拥抱表达爱的情感，使教育内容有机地蕴含在活动过程中。尝让幼儿试用自己的肢体模仿动物抱抱，感受抱抱的快乐，在与同伴、老师的互动中将快乐传递；鼓励孩子用清晰的语言表达自己的思想和感受，让孩子体验语言交流的乐趣，发展语言表达能力。

表现手法

爱是一个永恒不变的话题，然而幼儿还不懂用语言去诠释母爱情深，此时一个亲密的拥抱就是对爱最好的诉说与表达。

散文《抱抱》通过排比、拟人的手法描写了动物妈妈和宝宝相互拥抱、表达爱意的情形，是按照“地点＋动物妈妈和宝宝＋拥抱形式”的结构呈现的。引导幼儿感受爱与拥抱带来的温暖和快乐的情绪，体味散文的韵律美。

教学建议

1. 小班幼儿的特点是靠直觉行动，而且有意注意时间不长，所以建议教师设计的教育活动每一个环节都尽量直观、新鲜，找准幼儿的兴奋点。可以选择一些幼儿生活中的照片做成幻灯片，这些照片可以是孩子和爸爸或妈妈、或老师、或同伴、或一些喜欢的事物在一起亲密拥抱的照片。这样可以提升幼儿的兴趣，帮助幼儿建立对散文的初步印象。

2. 教师可以让幼儿借助音乐律动体验拥抱，创造温馨的氛围。如播放《爱我你就抱抱我》，让孩子在拥抱中放松心情，并在旋律中体验抱抱产生的亲切感，为感受抱抱时的内心情感作铺垫。

3. 教师边朗诵边用手势动作引导幼儿欣赏、理解散文的内容及情感。展示动物拥抱的图片，引导孩子观察画面中动物的动作、表情，体验拥抱带来的感受。提问“大象、小羊、小熊、河马是怎么和妈妈抱抱的？它们亲密地在一起时，说了什么？”同时，让幼儿学习理解“卷”“碰”“搂”“叠”等词语的运用。

4. 通过提问“喜欢和谁抱抱？为什么？”唤起孩子的生活经验，让幼儿体验到在生活中多抱抱可以交到更多的朋友。每个幼儿都是不同的个体，对于那些内向、腼腆、不善表达的幼儿来说，从情感到行为的转化需要一个过程，教师应该支持和鼓励孩子大胆地说出来，让孩子从中体验语言交流的乐趣，发展语言表达能力。

桃花瓣儿

桃树妈妈开了花，真美丽。风儿轻轻吹过，桃树妈妈让粉红色的花瓣儿，飘呀飘呀，飘落下来啦。

小蚂蚁捡了一片花瓣儿，在洞口搭了一间房子，粉红色的房子真美丽！

小甲虫捡了一片花瓣儿当小船，摇呀摇，粉红色的小船真美丽！

小兔捡了许许多多花瓣儿，做了三个花环，粉红色的花环真美丽！小兔送了一个花环给小刺猬，送了一个花环给小松鼠。

“桃树妈妈，你没花瓣了怎么办呢？”桃树妈妈说：“不要紧，不要紧。”

咦，桃树妈妈没了花瓣儿，结了许多许多的桃子。红红的桃子咬一口，真甜呀！

教育价值

本篇散文适合中班的幼儿。幼儿对春天的景色特别感兴趣，桃花是春天最具有象征意义的植物之一。捡来粉色、鲜嫩的桃花瓣儿做各种东西，与孩子的心理非常符合，能引起孩子的共鸣。这篇散文积极且清楚地表达了作者对散文的理解及对桃花瓣儿的想象。通过学习这篇散文，能让幼儿懂得关心生活与伙伴，像小蚂蚁、小甲虫、小兔和桃花妈妈那样给别人带去快乐。

教师也可以用自己的体验、自己的情绪去带动幼儿，以美的姿态去感染他们。引导幼儿感受散文中浓浓的春意及桃花瓣儿和小动物之间友好、和谐的氛围。引导幼儿理解散文中桃花瓣儿撒落后的各种不同妙用，并尝试仿编。

表现手法

春意抚摸万物，和煦温暖，享受着惬意的阳光，孩子们也显得特别快乐。在春天的美景中，少不了桃花的明丽点缀。

《桃花瓣儿》是一篇语言优美，洋溢着童真童趣的散文，内容浅显易懂。它将孩子们带进了一个优美的桃花世界之中，幼儿可以从散文中感受到浓浓的春意，在艺术的语言里体味出耐人寻味的情愫。

教学建议

1. 教师可以创设情境，制作充满春意的幻灯片，让孩子在动态的情境中感知散文，感受春天浓浓的气息。以直观具体的情境刺激吸引幼儿，把幼儿带入散文所要表达的情境之中，以舒缓的音乐作为背景，让幼儿从视觉、听觉等多种方面感知散文。

2. 教师可以设计几个关键问题让幼儿展开讨论，帮助幼儿正确理解散文所要表达的意义。

(1)现在是什么季节？春天美吗？你发现春天有哪些美丽的景色？

(2)一阵春风吹过，桃花瓣儿飘落下来。桃花瓣儿是怎么飘落下来的？可请个别幼儿用动作模仿桃花瓣儿飘落的样子。

(3)小蚂蚁捡了一片桃花瓣，做了什么？你觉得桃花瓣儿做的房子怎么样？

(4)小甲虫捡了桃花瓣当什么？你从哪里看出来的？可请幼儿模仿小甲虫把花瓣儿当小船摇摆。

(5)小兔用花瓣做了什么？你觉得这是只怎样的小兔？小松鼠和小刺猬收到花环心情会怎样？小白兔的心情呢？

(6)没有了花瓣的桃树妈妈会怎样呢？你喜欢桃树妈妈吗？为什么？

3. 指导幼儿进行仿编。例如，桃树妈妈把桃花瓣儿给了小蚂蚁、小甲虫、小兔，做成了房子、小船、花环，森林里还有许多小动物也捡到了桃花瓣，它们会把它变成什么呢？

照镜子

镜子里映出了我和妈妈的脸：我在哭，她在笑。

那是因为我在客人面前唱一首歌的时候，竟忘了歌词。我窘极了，而后我又受到小伙伴的讪笑。于是我跑出房门，伏在台阶上哭起来。

妈妈跟着出来把我抱到镜子前。

我望着镜子好像第一次发现，我的妈妈是这样的年轻美丽而温柔。她的眼睛闪着光，她微笑着，像一朵花。

我把脸贴在她的脸上。

两张脸映在镜子里，我在哭，她在笑。

我流泪的眼睛暗淡无光，像两泓清凉的泉水变得混浊了；花一样的脸罩上了一层灰蒙蒙的雾。

我闭上了眼睛，不愿看镜子里那个爱哭的孩子。

“孩子在笑的时候才像一朵花。你看，哭有多难看！”妈妈的话又让我睁开了眼睛。

我笑了，妈妈也笑了。

从那镜子里，我第一次认识了妈妈。

从那镜子里，从妈妈的笑脸上，我记住了：我永远不该做懦弱哭泣的孩子。

（金波）

教育价值

本篇散文选自《金波幼儿文学选·散文卷》，对幼儿来说稍有些难度，适合大班的幼儿。照镜子是幼儿生活中一项很常见的活动，照镜子时产生的各种有趣的现象极大地激发了幼儿的好奇心，本文围绕照镜子时受到的人生启迪，用生动形象的语言引导幼儿拥有一颗快乐、乐观的心，让孩子成为一个开朗的人。“孩子在笑的时候才像一朵花。你看，哭有多难看！”文中妈妈的话语中让幼儿懂得“不该做懦弱哭泣的孩子”；同时，传递给幼儿花是这个世界上最美好的事物。做什么样的花呢？做一朵会笑的花。笑代表的是面对困难时的乐观和坚强。这篇散文鼓励幼儿在受到挫折时也要保持积极的心态和乐观的精神。

表现手法

生活总有起落，有笑容，有泪花。人生如镜，笑看人生是最好的姿态。

散文《照镜子》语言优美真挚，富有寓意。文中用一朵花来比喻妈妈微笑的闪着光的眼睛，用混浊的泉水比喻我流泪的眼睛。“我的妈妈是这样的年轻美丽而温柔。她的眼睛闪着光，她微笑着，像一朵花。”“我流泪的眼睛暗淡无光，像两泓清凉的泉水变得混浊了。”这样鲜明的对比使原本平实的眼睛一下子生动起来。鲜花和混浊的泉水形成了强烈的反差，令人印象深刻，突出了笑比哭要美，要常常保持微笑，即使遇到失败与挫折，也不要懦弱哭泣，应当重拾信心，保持乐观向上的精神。

教学建议

1. 在语言教学活动中，提问是教师与幼儿之间最直接、最常用的一种交流方式。教师在引导幼儿理解散文内容时，可设计多种提问，例如，文中的“我”为什么哭了？妈妈在镜子中是什么样的？“我”在镜子中是什么样的？为什么“我”不愿看镜子里那个爱哭的孩子？从镜子中妈妈的笑脸，“我”记住了什么？

2. 引导幼儿发散思维，练习语言的表达。

(1) 童话故事《白雪公主》里恶毒的皇后也有一面镜子，可以告诉她“谁是这个世界上最美的女人。”她总是能听到真实的答案。现在，请小朋友们也拿一面镜子，认真观察镜子里的自己，试着跟大家说一说，镜子里的你是什么样子吧！让幼儿在照镜子游戏中体验活动的乐趣，可以激发幼儿的好奇心，培养幼儿的观察能力和思维能力，从而发展幼儿的语言，提高幼儿的观察能力和思维能力。

(2) 小朋友，生活里有趣的事很多，常常让人开怀大笑，把这些趣事给大家讲一讲，让我们一起分享快乐吧！

捉迷藏

黑夜用长长的手帕将太阳的眼睛蒙了起来，趁它还在数着“一、二、三”，颜色宝宝们赶快找个自己喜欢的地方，静悄悄地躲起来。

黄色宝宝躲在菊花里，蓝色宝宝躲在大海里，绿色宝宝躲在树林里，红色宝宝躲在枫叶里，白色宝宝躲在云彩里。大家都躲好啦，黑夜将手帕解开，太阳睁开眼睛，哇！一下子全都找到了。

教育价值

幼儿对“捉迷藏”这个传统游戏非常感兴趣，大多数人都曾有过与小伙伴玩“捉迷藏”的经历。本篇散文适合中班的幼儿。这一阶段的孩子开始留心周围的事物，对自然界的变化充满了好奇和幻想。引导他们接触优秀的文学作品，可以使之感受语言的丰富和优美。本篇散文能够让幼儿学习词语“静悄悄”，学习用“××躲在××里”的句式进行仿编，感受仿编诗歌的乐趣，体验成功的快乐，根据生活经验大胆想象，培养发散性思维。

表现手法

世界的动人之处恰恰就是在五光十色中隐藏变幻，一黑夜一白天就是这样别有风情、妙趣横生。

《捉迷藏》是一篇结构简单、意境优美、短小精悍的散文，以轻松、明快的笔调描述了太阳被黑夜蒙住眼睛来找，各种颜色来躲的捉迷藏游戏的全过程。散文用拟人、夸张的手法，将黑夜、太阳和各种各样的颜色都赋予了生命，充满了大胆、有趣的想象，引领幼儿进入了一个奇妙的世界。

教学建议

1. 教师灵活引导幼儿，帮助孩子提升语言能力，以亲切的交流、启发式的提问引导孩子积极思考，大胆想象，踊跃发言。组织幼儿回忆自己曾经玩过的游戏，给予幼儿充分思考、大胆想象的空间，鼓励幼儿的发散性思维。

2. 教师可结合动画，用直观鲜明的画面直接吸引幼儿的感官，设计提问：谁和谁在玩捉迷藏的游戏？谁躲起来了，谁在找？颜色宝宝们是怎样去躲的？让幼儿做一做“静悄悄”的动作。

3. 指导幼儿掌握“××躲在××里”这一句式，为仿编打好基础。提问“颜色宝宝们已经静悄悄地躲好了，你们知道它们躲在哪里吗？”通过对颜色躲的地方的猜想，再次调动幼儿的发散性思维，让幼儿逐步掌握“××躲在××里”这一句式，巩固获得的经验，把单个句式串联成完整的句子。

4. 教师可以创设游戏情境，与幼儿做蒙眼的游戏，让幼儿通过蒙眼和睁眼亲身感知黑夜和白天的奇妙变化。可请一名幼儿到前面来，问：“你今天穿的衣服是什么颜色的？如果你也是颜色宝宝你会躲到哪里去？”请他试着引导其他小朋友感受颜色的对应性。还可让每位孩子根据自己的颜色标记想好自己是什么颜色宝宝，躲在哪里才不会被发现。

滴答，滴答

滴答，滴答，天空下起了小雨。小鸡正在捉虫，鸡妈妈看见了，连忙张开翅膀，为小鸡撑起了一把羽毛伞。

滴答，滴答，天空下起了小雨。小蚂蚁正在搬米粒，喇叭花看见了，连忙展开花瓣，为小蚂蚁撑起了一把喇叭花伞。

滴答，滴答，天空下起了小雨。小朋友正在玩耍，大树妈妈看见了，连忙伸开树枝，为小朋友撑起了一把绿叶伞。

教育价值

幼儿对周围的事物、现象感兴趣，有好奇心和求知欲。本篇作品适合中班的幼儿。散文用拟人的手法描绘了一个下雨的场景。作品中的动物、植物在下雨时撑起了“善良的伞”，流露出温暖和相互关爱的美好情感，给幼儿以启迪。同时，散文语言质朴、清新，重复性的结构形式朗朗上口，便于幼儿记忆和仿编。

表现手法

散文《滴答滴答》富有童趣，句式工整，运用排比、拟人的方法，以雨和动物为主要形象，以“撑起”贯穿，加以“羽毛伞”“喇叭花伞”“绿叶伞”做点缀，将深挚的爱与优美的画面糅合在一起。节奏舒缓、轻盈，烘托出一种甜美柔婉的气氛，展现了滴答的小雨给小动物带来的欢乐，更展现了小动物之间友爱互助的善良的美好世界，让幼儿懂得朋友之间要互相关心。这篇散文能够培养幼儿热爱大自然的情感，也有利于对幼儿进行保护环境的教育。

教学建议

1. 建议教师创设问题情境，引导幼儿自由想象。展示小鸡、小蚂蚁、小朋友的图片提问：“滴答，滴答，天空下起了小雨，小鸡、小蚂蚁、小朋友都在外面玩，他们会用什么方法来躲雨呢？”

2. 学习散文时配以音乐进行朗诵，把幼儿的听觉与视觉巧妙融合在一起，让其有身临其境之感。提问“散文中有哪些伞？这些伞是谁做的？它们为什么要做成伞？你喜欢散文中的谁？为什么？”充分发挥幼儿的想象力。使幼儿在理解散文内容的基础上理解角色之间相互关爱的美好情感。以上问题可以引导幼儿理解散文的内容，感受散文的美。

3. 教师引导幼儿进行创编活动，启发幼儿进行拓展学习：小鸡、小蚂蚁、小朋友都有了伞，可是还有些小动物没有伞，请小朋友们想一想，什么东西能当它们的伞？

欢迎秋爷爷

“秋爷爷要来了！”

水果娃娃们听了这个好消息，可高兴了！

苹果娃娃们笑呀笑，笑红了圆圆的脸蛋。

石榴娃娃们笑呀笑，咧开嘴巴，露出像珍珠一样的牙齿。

香蕉娃娃们笑呀笑，把腰都笑弯了，像弯弯的小月亮。

山楂娃娃想：秋爷爷年纪大了，眼睛花了，走路摔跤怎么办？它们商量了一下，一齐点亮了小红灯，好像一树红色的星星……

柿子娃娃见了，也悄悄挂起一树黄黄的大灯笼。

教育价值

本篇散文适合中班的幼儿，符合他们的年龄特点，结合了他们的生活经验，便于他们理解接受。引导幼儿感受水果娃娃迎接秋爷爷时的喜悦心情和期待秋爷爷赶快到来的热切期盼之情，可以培养幼儿对美好生活的体验和感受。通过相互交流、自主创编等方式激发、鼓励幼儿大胆、清楚地表达自己的想法和感受，增强语言表达能力和思维能力，培养幼儿的彼此合作意识、发现探索意识。

表现手法

散文《欢迎秋爷爷》短小精悍，语言生动，结构鲜明，洋溢着童真童趣。其以优美生动的语言描绘了秋天这一硕果累累的季节。其中拟人的表现手法充分抓住了苹果、石榴、香蕉、山楂等水果的主要特征，把欢迎秋爷爷的喜悦心情和秋天水果娃娃自身的颜色、特征作了巧妙的比喻和联想，具体形象地结合在一起。作者充分发挥想象力，山楂娃娃、柿子娃娃为秋爷爷点灯，凸显出水果娃娃对秋爷爷的关心和对秋爷爷到来的盼望之情。

教学建议

1. 教师可以采用多媒体教学，运用秋天和水果娃娃的图片创设秋天的意境，充分调动幼儿的各种感官，激发其学习、认知兴趣，调动其热情，引发他们的无限好奇和猜想，也由此引入课题。

2. 欣赏了录音散文后，教师进行层层递进的提问，让幼儿明确倾听要求，提高幼儿欣赏散文的质量。

(1)散文中提到了哪些水果娃娃？它们要欢迎谁？让幼儿更加关注散文的内容,并引发幼儿初步的思考。

(2)水4果娃娃们听说秋爷爷要来了,有了怎样的变化？为什么用“苹果娃娃们笑呀笑,笑红了圆圆的脸蛋”来描写苹果？为什么用“石榴娃娃们笑呀笑,咧开嘴巴,露出像珍珠一样的牙齿”来描写石榴？紧紧抓住水果的主要特征来讨论,加深幼儿对散文的理解。

(3)为什么山楂娃娃点亮小红灯,柿子娃娃挂起大灯笼？帮助幼儿体会山楂、柿子对秋爷爷的爱心,此部分可以渗透幼儿要懂得关爱身边的老爷爷、老奶奶。

3. 教师启发幼儿思考,引导幼儿进行创编活动。除了散文中的这些水果娃娃,其他的水果娃娃听到秋爷爷来了,会怎么想？怎么做？怎样把你所说的句子变成和散文里面的话一样好听？注重幼儿创编的主动性与创造性。

我爱门前的小池塘

我爱门前的小池塘,它永远是清清亮亮的。

花喜欢它,草喜欢它,树也喜欢它;它们在池塘周围高高兴兴地生长着。

花蕊里有蜜蜂,草丛里有蚱蜢,树枝上有小鸟;它们也喜欢小池塘。

连天上的白云,远处的青山,也把自己的影子映在池塘里。

今年夏天,池塘里又长满了水浮莲,水面上铺满了圆圆的绿叶子,天天早晨盛开着小黄花。

我爱门前的小池塘,它越来越美丽了。

(金波)

教育价值

本篇散文适合大班的幼儿。作为语言学习的范本,散文具有的生动性和丰富性可以很好地促进幼儿思维的发展,增强幼儿对语言的敏感性,培养幼儿的审美能力,激发幼儿语言的潜能。散文《我爱门前的小池塘》具有规范的语言,通过植物、动物、青山、白云对小池塘的喜爱向读者展示了一幅人与自然和谐共生的美好画面,让幼儿感受小池塘的生机与和谐之美,激发其热爱大自然的情感。使幼儿在主动积极的思维和情感活动中,加深对语言文字的理解和体会,受到情感熏陶,有自己的思考与启迪,享受审美乐趣。指导幼儿进行散文再创作,组织朗诵与仿编说话创作,还能培养幼儿的创造性想象,进一步提升其语言表达能力。

表现手法

小小的池塘映出了五彩的世界。它是那样惹人疼爱,清丽迷人,令人神往!

散文《我爱门前的小池塘》以简单又不乏细腻的语言、生动丰富的想象、真挚深厚的情感描绘出了一个清清亮亮、美丽而充满生机的小池塘。作品运用拟人的手法,以一个孩子的视角和口吻,形象地描绘了“我”家门前的小池塘和池塘周围“花”“草”“树”“蜜蜂”“蚱蜢”等万物生长、一片生机的美妙景象,读来极富童真童趣,如童话般美妙。文中字里行间表现出了一个孩子热爱大自然,富于幻想的纯真之情,让人读起来觉得欢喜,传递给读者一种快乐的情绪。

教学建议

1. 教师可以让幼儿联系已有的生活经验来学习散文,引发幼儿的共鸣。设计如下问题。

(1)文中写道“天上的白云,远处的青山,也把自己的影子映在池塘里。”为什么白云和青山也喜欢小池塘呢?你们照过镜子吗?照镜子时的心理是怎样的呢?幼儿很快就可以联系到自己平时照镜子的生活经验,进而把这种生活经验带到文中的白云和青山上。原来白云和青山也爱美,它们把门前的小池塘当作镜子,它们也和我们一样喜欢照镜子。有这样的情感体悟以后再让幼儿读这段话，幼儿会感受到小池塘像镜子一样，从而提升兴趣，加深对小池塘的喜爱之情。

(2)“池塘里又长满了水浮莲，水面上铺满了圆圆的绿叶子，天天早晨盛开着小黄花。”水面上铺满了圆圆的绿叶子是什么样子的？什么是“铺满”？对幼儿来说，这个词比较有难度，可以引导幼儿联系生活实际想想自己平时会铺什么，他们会很快想到铺床等。什么是“盛开”？可以让幼儿示范开花的动作等，加深他们的印象，提升活动的趣味性。联系幼儿已有的生活经验可以使幼儿更好地感知散文的内容及内涵。

2. 教师注意由此篇散文引导幼儿保护小池塘，对幼儿进行环境教育。例如，这么美丽可爱的小池塘，如果有人乱扔垃圾，小朋友应该怎么和他说呢？这样可以引发幼儿的思考，锻炼幼儿的口语表达。教师应当积极鼓励幼儿，幼儿的语言能力是在运用的过程中发展起来的，发展幼儿语言能力的关键是创设一个使他们想说、敢说、喜欢说、有机会说并能得到积极应答的环境。

风姐姐来了

风姐姐来了！
看到窗外的红花点头，
看到天上的白云飘飘，
我就知道风姐姐来了。

风姐姐来了！
我闻到了淡淡的香气。
这香气，是风姐姐从乡村带来的，
从美丽的花园带来的。

风姐姐来了！

有些树叶快乐地拍着手，
有些树叶快乐地跳着舞，
也有些树叶没站稳，
从树上掉下来了。

风姐姐来了！
妈妈说：我睡觉的时候，
风姐姐亲过我的脸，
还低低地唱了一首歌。

风姐姐来了！
风姐姐在我的耳边说：你想不想飞？
飞呀！飞呀！真好玩。
我带你去飞一圈好不好？

我走到公园里。
风姐姐跟在我的背后，跟我玩捉迷藏。
我听到风姐姐的笑声，就是找不到她。

风姐姐来了！
风姐姐轻轻地唱着歌，
经过我们家的院子。
你看，妈妈晒的衣服飘动了。

风姐姐，等等我！
我要和鸽子一样，

飞到天上跟你一起唱歌。

风姐姐来了！
她低声说着有趣的话。
草儿笑得弯了腰，
花儿笑得直点头。

风姐姐来了！
她轻轻地敲我的门。
我问：是咪咪吗？
她说：不是。
我说：你是风姐姐，请进来！

风姐姐来了！
风姐姐喜欢搬东西。
她把天上的云彩，从东边搬到西边。
她把我的风筝，从地上搬到空中。

我跑得很快，小黄狗也跑得很快。
现在，我找到风姐姐了，
我撞到风姐姐的怀里去了。

（邵僩）

教育价值

本篇散文可以让幼儿感受风的存在带来的身边各种物体的变化，丰富幼儿的生活经验，激发幼儿对文学作品的学习兴趣，提高幼儿的理解能力。

通过散文感受风的存在,能大胆表达自己的看法,并能感受散文的意境美。让幼儿进行仿编可以促进幼儿的语言表达运用能力,也可以促进幼儿的同伴交往、合作能力。

表现手法

风儿吹啊吹,吹起了孩子色彩斑斓的梦想,吹起了孩子童话般的希望。

《风姐姐来了》以孩子的视觉、用拟人化的手法、细腻的笔触写了风姐姐来的时候各个事物的变化,而这些变化与幼儿的生活经验息息相关。文中对风姐姐的到来作了巧妙的比喻和契合的联想,显得具体而又形象。风姐姐来了,有些树叶快乐地跳着舞,有些树叶快乐地拍着手,也有些树叶没站稳,从树上掉下来了。这都可以生动地引起幼儿的想象。轻柔、舒适又有美感地去感受风的无处不在,具有散文的诗意美又融合着浓郁的幼儿情趣。以浓郁的幼儿情趣美化其中的意境,以优美的意境展示童稚童真的情趣,非常富有魅力。作品中的形象都幼儿化了,渗透着孩子的情感与想象,孩子们通过这些具体可感的形象进入情景交融的艺术境界,获得美的享受。

教学建议

1. 建议教师先用小道具让幼儿感受到风,例如扇子,幼儿闭眼,教师用扇子扇,并提问:你感受到了什么?你是怎么感觉出来的?然后用扇子扇布条,问:你看到了什么?布条为什么会飘动?让幼儿了解风没有颜色、形状,但是可以通过身体、眼睛、耳朵等感受到,从而引起幼儿的共鸣与兴趣。

2. 重点引导幼儿大胆想象,再现自己的生活经验,例如,风姐姐经过我们的教室,教室会有怎样的变化呢?鼓励幼儿用与散文相似的文体表达出来。

3. 鼓励幼儿把自己的想法在“奇思妙想”小纸片上写和画下来,寄给风姐姐。拓展幼儿学习汉语书信的格式,并签上自己的名字。提醒幼儿用散文式的语言进行表达,并相互交流自己写给风姐姐的信。

山下有棵樱桃树

树林里，啄木鸟公公清早起床，用嘴巴敲打着树干，报告春天的消息："笃笃笃，笃笃笃，春天来了！春天来了！"

春姑姑悄悄地在田野里走来走去，一把一把撒下绿色的种子。

柳树弟弟悄悄地探出脑袋张望起来。

桃花妹妹望着蓝天白云咧着嘴儿笑了。

咦？山下小河边有一棵樱桃树，难道没有听到啄木鸟公公的报告，怎么还没开花呢？

田野里，桃红柳绿草青青，多么热闹啊！只有那棵樱桃树，可怜巴巴的，没有长叶，也没有开花。

怎么办呀？

蚯蚓说："我给樱桃树松松土。"

蜜蜂说："我给樱桃树唱唱歌。"

露珠说："我给樱桃树喝口水。"

太阳说："我给樱桃树照阳光。"

樱桃树听到蜜蜂嗡嗡的歌声，终于醒来了。它喝了一口露珠，迎着阳光伸伸懒腰，把根须钻进松松的泥土里。

樱桃树揉揉眼睛，枝梢上长出了一片片嫩叶，钻出一朵朵花苞。伙伴们多快活呀，小鸟叽叽喳喳地唱起歌儿，小溪叮叮咚咚地弹起琴……

不几天，樱桃树轻轻抛下一片一片花瓣儿，说："小溪小溪，请你捎个信，告诉大家，樱桃树开花了！樱桃树开花了！"

（林颂英）

教育价值

《山下有棵樱桃树》是一篇充满童趣、语言优美的散文,适用于大班幼儿教学。这一阶段的孩子活泼好动,想象力丰富,观察、分析能力有了一定的发展,对周围的一切充满了好奇心和探究的欲望,并且能够用自己的方式将观察到的变化表达出来,已经具备了一定的语言表达和理解能力。本篇散文描绘了春回大地、万物复苏的景象,真实生动,贴近幼儿的生活,让幼儿感受到了春天的气息和生命的美好,富有童趣的画面能很好地培养幼儿大胆表达、认真倾听的习惯和亲近自然的情感。

表现手法

美好的画面,如小溪清流,甜凉沁入心脾,读完齿颊留香。

《山下有棵樱桃树》语言优美流畅,画面童趣十足、有声有色、生动简洁。其以全篇拟人的手法呈现出春天万物生机勃勃地成长的画面,刻画了很多生动的形象,如啄木鸟公公"用嘴巴敲打着树干,报告春天的消息",春姑姑"一把一把撒下绿色的种子",柳树弟弟"探出脑袋张望","桃花妹妹望着蓝天白云咧着嘴儿笑"等,让幼儿感受到生命的积极向上。在"樱桃树"不开花的时候,"蚯蚓""蜜蜂"等小伙伴都给予樱桃树帮助,整个画面令人置身于一个和谐温暖的世界。

教学建议

1. 建议教师为幼儿创设一个春意盎然的情境,使幼儿产生快乐的情绪体验。教师可以收集与散文内容有关的图片布置美丽的树林背景,制作与散文内容相关的动画,播放富有春天气息、鸟语花香的背景音乐,使幼儿充分感受散文优美的语言和意境;帮助幼儿观察图片、分析作品,丰富幼儿的词汇,并让幼儿进一步感受春天与自然的美好氛围,激发幼儿的学习兴趣。讨论:春天来了,树林里大家都是怎样表现的?鼓励幼儿边看边与同伴交流。

2. 教师在幼儿自由探索后,向幼儿提问:"春天来了,树林里多么热闹啊!

只有那棵樱桃树,可怜巴巴的,没有长叶,也没有开花。怎么办呀?”教师对幼儿的发现给予积极的肯定,并进行适当的提升、补充。

3. 鼓励幼儿发散思维,分组续编。树林里的小伙伴们知道樱桃树开花了,会有怎样的表现呢?

我的爸爸

我喜欢爸爸的大手,喜欢把小手放在他手心上。我喜欢爸爸举起我,像小飞机一样飞来飞去。

我喜欢坐在爸爸的二郎腿上,就像坐在跷跷板上,“忽悠忽悠”,一上一下。

我喜欢爬到爸爸的大腿上,再滑到脚上,“哧溜哧溜”,就像滑滑梯一样。

我往爸爸背上爬,就像爬山一样。骑上他的脖子,就像到了山顶上,哈哈!最高、最高的高个子,现在就是我啦。

我喜欢爸爸睡觉时打的呼噜,就像是打雷一样,“呼噜噜、呼噜噜”,我和妈妈都笑得捂住了嘴,嘘!别吵醒了爸爸。我喜欢我的爸爸。

教育价值

本篇散文适合小班的幼儿。爸爸是幼儿生活中最熟悉、最重要的人,《我的爸爸》是一篇语言生动,语句贴近幼儿生活,充满了幼儿对爸爸的爱的散文。作品捕捉生活中富有特征的细节,准确细致地把握孩子的内心世界、感情世界,让幼儿在充满阳光的生活气息和妙趣横生、奇妙想象的儿童天地里,领略人生的价值就在于享受亲情,同时也深情地呼唤孩子们热爱家庭,因为家给予了我们最多爱的养分。

表现手法

以孩子的视角去观察身边的人,感受生活,用孩子的口吻描绘充满童稚想象的纯真世界。

本篇散文内容简单，通俗易懂，多次运用比喻的修辞手法，如“坐在爸爸的二郎腿上，就像坐在跷跷板上”“往爸爸背上爬，就像爬山一样”等，生动有趣地表达了幼儿对爸爸的喜爱、感激之情。

教学建议

1. 教师可以通过谈话激发幼儿谈论“爸爸”的兴趣。例如，每个人都有爸爸，每个人的爸爸都不一样，请小朋友说说你的爸爸是什么样子的，他在家里做些什么事情？爸爸是幼儿亲近的家人，谈论爸爸幼儿的积极性会比较高。还可引导幼儿围绕“我的爸爸”自由交谈。将幼儿分成几个小组，要求幼儿拿着自己带来的爸爸的照片向同伴作介绍。教师依次参与幼儿的小组谈话，了解他们的谈话内容，间接引导幼儿围绕主题谈话。幼儿自由交谈后，教师请个别幼儿在集体面前谈自己的爸爸，要求其围绕以上两个问题，大胆地讲出自己对爸爸的认识。

2. 教师可以通过提问扩展谈话范围。

(1)你喜欢你的爸爸吗？为什么喜欢他？你愿意为你爸爸做些什么事情？鼓励幼儿畅所欲言。

(2)在与幼儿谈话的过程中，教师用平行谈话的方式，为幼儿提供新的谈话经验。例如，我的爸爸是记者，爸爸的工作很辛苦，每天晚上都要看书、对着电脑写文章。他懂得好多好多的知识，我喜欢我的爸爸……

月光雨

月光雨，月光雨，沙啦啦地跳响在树叶上，像快乐的小兔子。月光下的孩子们咯咯地笑起来，他们高兴地跳呀跳，头上的小草帽也跳呀跳，周围的树林和小河也跳呀跳。

金色的、透明的月光雨,像冰片一样清凉。

孩子们偷来几顶荷叶,他们用荷叶把这些金色的小精灵接住,小精灵们欢快地打滚。孩子们要把月光雨放起来,等明年春天种在地里让它们发芽、开花、结出满树的月光雨,然后再把它们送给小伙伴们,送给幼儿园的老师们……

教育价值

本篇散文适合中班的幼儿,幼儿生活在绚丽多彩的大自然中,一切都使他们感到新奇。本文通过月光雨来了描绘了一幅美好的图景,能够培养幼儿的审美能力,使他们受到美的熏陶,提高他们的思想境界。同时,引导幼儿关注大自然现象,让他们与可爱顽皮的月光雨结伴。教师应为幼儿创设广阔的自由表现和表达的空间,鼓励幼儿运用多种方式来表达自己对自然现象的认识。带领幼儿插上想象的翅膀,感受大自然的神奇,倾听大自然的语言,体验大自然的魅力,激发他们热爱和探索大自然的兴趣。让他们了解自然现象与人类的关系,用语言表达分享大自然的美妙,在幼小的心灵中埋下智慧的种子。

表现手法

散文《月光雨》通过简洁优美的语言描绘出月光雨落下来的情景、动态,用比喻、拟人的修辞方法呈现出盎然活泼的图景。月光雨"跳响在树叶上,像快乐的小兔子""(月光下的孩子们)头上的小草帽也跳呀跳,周围的树林和小河也跳呀跳",描绘了一幅幅月光雨嬉戏的顽皮景象,不仅给人以美的陶冶和享受,还可以启发幼儿在欣赏活动中观察、发现自然界的变化,感受月光下的雨滴散发出的迷人的神秘色彩。用"月光雨,月光雨,沙啦啦地跳响在树叶上,像快乐的小兔子"的句式,充满童真童趣的语言风格给了幼儿清楚明了的记忆和想象线索,便于幼儿理解和感受,充分发挥想象力。散文虽短小,却充满了趣味,想象力丰富而美丽,动态感强。

教学建议

1. 建议教师引导幼儿初步感知散文内容，理解月光雨中孩子们欢快的心情。为幼儿创设一个自由、宽松的语言交往环境，支持、鼓励他们与同伴交谈。还可设置几个小问题，培养幼儿积极的思考能力和语言表达能力。

(1)月光雨去了哪些地方？

(2)它在树上干嘛呢？谁能用一个动作告诉我？像什么？

(3)除了小兔子喜欢跳，还有什么小动物喜欢跳？它们在哪里跳呢？

(4)哪个小朋友来学一学“咯咯地笑”是怎么笑的？除了咯咯地笑，还能怎样笑？

2. 教师引导幼儿用“月光雨，月光雨，沙啦啦地跳响在××上，像快乐的××”的句式仿编散文，培养幼儿的想象力和创造力。在理解散文的基础上，领略散文的语言美，迁移生活经验，根据散文的句式进行仿编，从而感受散文的意境美。

吹泡泡

我轻轻地吹起一串串肥皂泡，赤橙黄绿青蓝紫，真漂亮！可都飞走不见了。

我很难过，一边走，一边寻找它们。

一个晶莹的露珠站在草叶上对我说：“你看我像不像你吹的泡泡？咱们做个朋友吧！”一个圆圆的气球也从远处飘来对我说：“你看我是你丢失的那个泡泡吗？我和你交个朋友吧！”

我高高兴兴地跑回家，告诉妈妈，我有了许多的朋友。

教育价值

本篇散文适合大班的幼儿。拥有朋友是一个人生活在社会中最幸福的事情，大班幼儿即将升入小学，学会与其他同学友好相处，才能更快地适应学校的生活,更能体验学校生活的快乐。没有朋友的幼儿会孤单和无奈,甚至形成孤僻的性格。因此引导幼儿结交朋友、重视友谊是非常重要的。这篇散文能激发孩子与同伴友好相处的愿望,促使孩子珍惜和巩固友谊。

表现手法

在孩子的心田播下一颗友谊的种子,用真诚去浇灌,那么,将收获美好的情谊。散文《吹泡泡》篇幅短小,感情真挚,运用拟人、比喻等表现手法让语言生动活泼,充满童趣,富有丰富的想象。同时,散文充满了动感和节奏感,例如"一串串"等。散文讲述了"我"寻找泡泡的过程,漂亮的泡泡飞走不见了,在寻找的路上,"我"交了"露珠""气球"这些好朋友,"我"的心情也由难过变成了高兴。幼儿能从中体会到善良的心是多么真挚。

教学建议

1. 用谈话创设师生自由交流的平台,让幼儿放松情绪。

小朋友今天都洗手了吗?让老师看一看,呀,小朋友的小手可真干净!大家都是用什么洗手的呢?在轻松的氛围中和幼儿交流,引出词语"肥皂泡"。也可带领幼儿用水盆洗手,让幼儿亲自感受肥皂泡。

用水盆洗手,搓出许多肥皂泡,带领幼儿摸、吹,亲自感受并学习词语肥皂泡。

2. 教师可以制造泡泡水,吹出许多肥皂泡,带领幼儿体验吹泡泡游戏,体会散文的意境,提出相应的问题。

(1)老师吹的泡泡是什么样的?让幼儿自主发现肥皂泡是"一串串"的。

(2)吹出的肥皂泡怎么不见了?它到哪儿去了?激发幼儿的兴趣,紧扣主题。

(3)小朋友看到的一串串的肥皂泡泡都是什么颜色的?学习七种颜色:赤、橙、黄、绿、青、蓝、紫。

(4)散文里的小朋友为什么很难过?他回家后心里高兴吗?引导幼儿用自己的语言表述散文内容。

3. 教师鼓励幼儿思考,散文里的小朋友交了好朋友,非常高兴,你也有好朋友吗?跟大家说说你的好朋友吧!培养幼儿独立自由思考的好习惯,为幼儿提供充分展示自己的机会。

小小的希望

我有一个小小的希望。

我真希望有那么一天,

小鸟能听懂我的话,我也能学会讲小鸟的话。

到那时候,我就可以告诉小鸟:

不要往那边的树林里飞,那边有个举着猎枪的人;也不要到这里来,这儿,张着捉鸟的网。

我要和小鸟一起飞到另一片树林里。我躺在林中的草地上,望着头顶上绿叶间的小鸟,我们用彼此都能听懂的话,交谈着春天、树林、花朵和越来越多的花园。

(金波)

教育价值

本篇散文适合大班的幼儿。文学情感是由作品的情感打动儿童的心灵、引起儿童强烈的情感体验、情感转移、情感匹配、选择和表达的心理功能,是由外向里和由里向外的情感交融。本篇散文用精美的语词、动态的描述展现了一幅富有流动感的画面,能够唤起幼儿对美好大自然的无限向往和对大自然的关爱之情。大自然是一个丰富多彩的世界,它千姿百态变化无穷。教师应有意识地引导孩子热爱自然,让孩子亲近自然、拥抱自然、热爱自然,投身到自然中,并在感受大自然的奇妙过程中，打开向自然求索知识的心扉，从而激发幼儿的想象力，培养幼儿主动表达自己的意识与能力，提升幼儿对美的欣赏能力，感受意境美、语言美、情感美、自然美、社会美。

表现手法

《小小的希望》语言真挚，饱含真情。其以一个孩子的口吻，讲述了自己小小的希望："真希望有那么一天，小鸟能听懂我的话，我也能学会讲小鸟的话。"希望自己能和小鸟做朋友，希望小鸟能听懂自己的话，那样就可以告诉小鸟怎样躲避猎人的伤害，希望能和小鸟在美丽的树林里自由自在地交谈春天、树林、花朵和越来越多的花园。童化的语言表达了儿童纯真的心灵和盼望人与自然能和谐相处的美好心愿。结尾运用想象展现出一幅色彩绚丽的人与自然和谐相处的美好画卷，从而唤起幼儿保护动物、爱护树木等关爱大自然的思想感情，使其懂得当别人有困难的时候，要勇于伸出援助之手。

教学建议

1. "希望"一词对幼儿来说比较陌生，教师可以先表达自己的希望，让孩子猜一猜。通过设疑，激发幼儿探求新知的意愿，引导幼儿在具体的语言环境中理解"希望"的含义，带着感情去记忆。

2. 教师引导幼儿了解文中孩子的希望，如果能和小鸟对话，文中的孩子想告诉小鸟什么？如果小鸟被捉会怎么样？导出生命对于小动物来说非常宝贵。

3. 教师可以设计层层提问，提高幼儿的思考能力、想象力、口语表达能力，提高幼儿保护大自然、保护环境的意识。

（1）如果你能听懂小鸟的话，也会讲小鸟的话，你会跟小鸟说些什么？

（2）小鸟也是我们的好朋友，若是没有了小鸟我们会失去什么？

（3）我们要怎么做才能不失去小鸟？

叙事散文

小雨点

小雨点排着队，唱着歌，从天上落下来。

小雨点跳到屋顶上，哎呀呀，把屋顶当成了滑梯。

小雨点跳到树叶上，哎呀呀，把树叶当成了滑梯。

小雨点跳到我的雨伞上，哎呀呀，把我的雨伞当成了滑梯。滑吧，滑吧，快乐的小雨点。

（余绯）

教学价值

本篇散文适合小班的幼儿。教师应鼓励幼儿积极参与欣赏及仿编活动，指导幼儿用语言、动作表达自己的理解与感受，并与同伴分享。

表现手法

这篇散文意境优美，运用了排比的句式，这样散文的中心句不会显得松散和规律不明显。作品以拟人的手法描绘了淘气的小雨点从天空落下来时，将落在的地方当滑梯滑下来的有趣场景，符合小班幼儿的生活经验，而且具有一定的启迪性，适合幼儿仿编。结合小班幼儿的实际水平，借助肢体语言能让幼儿更好地体会散文的优美意境，大胆地表达。当用语言表达或理解有困难时，教师可以结合图片演示下滑的动作，引导幼儿直观感受小雨点滑落的动态表现。幼儿学说散文时，教师可引导幼儿佩戴自制的“小雨点”指偶，模仿小雨点跳到屋顶上、树叶上、雨伞上。这种身临其境的活动氛围能让幼儿在轻松快乐的游戏情境中体验学习散文的快乐。

教学建议

1. 散文的语言相对而言比较抽象，引导小班的幼儿欣赏散文时，需要借助中介方式，如通过聆听、诵读、欣赏图画、观看动画等帮助幼儿接受、理解散文所表达的信息，其中观看动画更适合小班的幼儿，幼儿教师播放与散文内容相关的动画，通过画面感一点点渗透知识。结合多媒体课件欣赏散文，也是一种较好的方式，能帮助幼儿较好地理解、记忆散文内容。

2. 低龄幼儿学习语言是与动作分不开的，当用语言表达或理解有困难时，动作能帮助幼儿理解、记忆语言。视、听、讲、做结合，感知觉的多通道参与有助于幼儿理解、记忆散文内容。教师可以画三幅大的“屋顶”“树叶”“雨伞”的图画，布置在活动室周围。活动前，教师可以指导每个幼儿自己制作一个“小雨点”指偶，这样，在活动中幼儿就可以将指偶套在手指上，模仿小雨点跳到屋顶上、树叶上、雨伞上。这种身临其境的活动氛围能使幼儿在轻松快乐的气氛中得到了多方面的发展。

3. 在引导幼儿欣赏散文，感受文中优美的语句和意境的同时，还应该鼓励他们将自己的生活经验与作品联系起来进行仿编活动，以进一步加深幼儿对散文的理解，使他们的生活经验与散文的间接经验实现双向的迁移。《小雨点》的中心内容是三个排比句，教师可以利用课件引导幼儿回忆自己以前观察到的雨景，改换排比句中的宾语，进行仿编，即“小雨点跳到××上，哎呀呀，把××当成了滑梯”。

爸爸的手

我的爸爸有一双大大的手。

爸爸的手能抓住我的两只小手，还能托住我的屁股，把我高高举过肩膀，让我在空中飞翔。

下雪天的时候，我的小手冻得红红的，爸爸的大手使劲给我的小手搓了又搓。我的小手变得更红了，但再也不冷了。

大热天的时候，爸爸的大手给我拍起蚊子来，“啪啪”直响，蚊子在他的手心里粉身碎骨。

爸爸的大手是一双灵巧的手，一个小小的方向盘握在爸爸的手里，左转、右转，小汽车在马路上真神气。

我的手也在渐渐长大，什么时候，我也能有一双爸爸那样的大手。

（徐建华）

教学价值

本篇散文适合中班的幼儿。爸爸是幼儿生活中最熟悉、最重要的人，散文《爸爸的手》是一篇文字生动，语句贴近幼儿生活，充满对孩子的爱的散文。其内容简单，容易理解，文中的事件几乎都是幼儿经历过的。通过欣赏散文中的内容，可以让幼儿更加深刻地体会到爸爸对孩子的爱，激发幼儿对爸爸的崇敬、感激之情。

表现手法

文章把爸爸的手形容成大大的手，灵巧的手。分析作品中爸爸的手托住宝宝的屁股是怎么样的？下雪天，我的手冻得通红，爸爸是用什么方法让我的小手不再冷的？大热天，爸爸是用什么方法赶蚊子的？为什么说爸爸的手很灵巧呢？作品传达的思想不仅仅是说爸爸的手本领大，而是让幼儿正确理解爸爸爱孩子的真谛。

教学建议

1. 提前布置作业：“你们知道自己爸爸是做什么工作的吗？”幼儿教师根据

孩子的讲述随机讲解，增进幼儿对一些职业的了解，如教师、医生等。

2. 设计提问导入："你的爸爸爱你吗？他是怎样爱你的呢?""一起来听一听，这位小朋友是怎样夸自己的爸爸的。"（引导幼儿描述自己爸爸的长相，也可以介绍爸爸的姓名、年龄、属相等）

3. 仿编散文。你们觉得自己爸爸的手本领大不大？想不想把自己爸爸的手的本领也编到散文里去呢？我们来试试看好吗？根据幼儿的反应，提出不同层次的要求，并给敢于尝试的幼儿一个金拇指作为奖励。幼儿教师念散文的开头和结尾，幼儿编爸爸的手的一个本领。尝试合作编散文，即确定先后顺序，两个以上的小朋友共同完成散文。尝试将自己爸爸的手的几个本领一起编进散文。（关键要思考自己先说哪个本领，再说哪个本领）

4. 迁移讲述。爸爸的手还能干什么？（鼓励幼儿用流畅的语言表达自己的想法）爸爸的手可以……可以……可以……你觉得爸爸怎么样？你想对爸爸说什么？（鼓励幼儿大胆表达自己对爸爸的爱）

顽皮的小雨滴

淅沥沥，淅沥沥，顽皮的雨滴娃娃离开了云妈妈的怀抱，一个一个跳到了树上、落到了屋顶上、挤进了草丛里。

它把妹妹的伞当滑梯，站不稳，骨碌骨碌滚下来。

它把清清的池塘当游泳池，纵身一跳，在水面留下圈圈涟漪。

它喜欢躲在路边的土坑里，车轮碾过，它马上蹦得高高的，溅得路人一身泥。

它喜欢在柔柔的沙滩上捉迷藏，一眨眼就不见了，却傻傻地留下颗颗脚印。

淅沥沥，淅沥沥，顽皮的小雨滴唱着歌儿又不知躲哪儿去了。

（金建民）

教学价值

本篇散文适合大班的幼儿。欣赏、理解本篇散文，幼儿能够感受散文优美的语言和意境；学习象声词沙沙沙、滴滴答、吱溜溜、叮叮叮，感受象声词的韵律美。幼儿可以尝试大胆想象、创编散文诗。

表现手法

《顽皮的小雨滴》是一首优美动听、充满童真童趣的幼儿散文。它运用比喻、排比的修辞手法，描写了顽皮的小雨滴，既让幼儿欣赏到散文的意境美、语言美，又使幼儿了解到小雨滴与环境以及人们的密切关系，从而激发他们热爱和探索大自然的兴趣，在他们幼小的心灵中埋下智慧的种子。《顽皮的小雨滴》构建了一幅有声有色的图画，散文中那顽皮的小雨滴把妹妹的伞当滑梯，把池塘当游泳池，给幼儿以美的陶冶和享受。活动运用课件不仅使画面感强，鲜明的动作更激发了幼儿丰富的想象力，而且语言凝练，韵律和谐，有较强的表达性。

教学建议

1. 幼儿教师要鼓励幼儿运用多种方式来表达自己对小雨滴顽皮的认识（引导幼儿用不同的动词，如跳、落、挤、滚、溅、躲等，描述雨滴落在不同的地方的调皮情形，培养幼儿对动词的理解能力并加深幼儿对动词的印象，为下面的续编活动作铺垫。），为他们提供讲述的平台，给他们创设一个使他们想说、敢说、喜欢说、有机会说并能得到积极应答的环境，发展他们的语言表达能力、交往能力。

2. 设计手指游戏：下雨了。

幼儿两手十指分开，慢慢抖动手指从上往下落。

教师和幼儿一起边念儿歌边做动作：两只小手做雨点，雨点从天空落下来，淅沥沥，淅沥沥；两只小手做小船，雨点落在船桨上，小船开进大海里。

3. 续编作品。小雨滴还会到哪去呢？又做了哪些调皮的事？

引导幼儿结合生活中的经验进行创作。（如：小雨滴落在竹竿上，把妈妈晾的衣服淋湿了；小雨滴落在花朵上，花朵更漂亮了）如果你是小雨滴，你会跳到哪里去？

树真好

树真好，白鹭鸶想在树上做个家，大树张开手臂说：好哇！好哇！

树真好，小花狗躺在树下乘凉，大树撑着绿伞说：睡吧！睡吧！

树真好，小毛虫咔吱咔吱地咬，大树笑着说：吃吧！吃吧！

树真好，长得高又大，好像大家的妈妈。

（冯辉岳）

教学价值

本篇散文适合大班的幼儿。《树真好》是一首让人看了后心中充满爱意、暖意的文章。大树是伟大的、博爱的，它把自己的所有都奉献给了小动物们，爱它们，呵护它们。本篇散文传递出了简单而又朴实的主题：母爱真好！

表现手法

这篇散文采用拟人的手法，将大树比喻成妈妈，将白鹭鸶、小花狗、小毛虫比喻成孩子，让孩子通过学习知道无论何时何地，当白鹭鸶累了想找个家时，大树就像妈妈一样无私地张开手臂欢迎它来做窝，为它遮风挡雨；当小花狗跑热了想乘凉时，大树也会像妈妈一样为它遮阳送凉，擦汗扇风；当小毛虫饿的时候，大树还是像妈妈那样为它准备吃的。白鹭鸶、小花狗、小毛虫就像自己，在妈妈无微不至的关心和照顾中生活着、成长着！通过学习这首散文，孩子们很容易理解母爱、感悟母爱。原来母爱无时无刻不包围着自己，妈妈平时做的每一件事都充满了对自己的爱与关心，自己快乐时可以与妈妈分享，自己伤心时妈妈也来分担。妈妈多好，母爱多好，妈妈就是大树，大树就是妈妈。这样孩子通过一首简单的散文就理解了人生的真谛。

这篇散文采用了排比的句式，每一句都很押韵，念起来朗朗上口，很适合幼儿阅读。

本文用细腻的笔触为我们描绘了一幅爱的画卷。文中选用了几种孩子们喜欢的小动物形象，选择了几个简单的场景：做家、乘凉、觅食，孩子们可以轻松地读懂并理解。

教学建议

1. 文中的做个家、张开手臂、乘凉、撑着绿伞、咔吱咔吱地咬都很形象、很动感，比较适合幼儿表演。所以在教学时，除了让幼儿体会文意、学习语言，还可以请他们表演，感受表演的乐趣。

2. 学习《树真好》这篇散文 可以让孩子对周围的世界更加有兴趣。其实生活中有很多东西都值得孩子去关注、去发现，所以老师可以借助这样的教学方式让孩子观察身边的点点滴滴：小草在春天露出嫩叶，蜗牛在雨后爬出泥土，大树随着季节的变化而变化。孩子们天天都可以在生活中发现许多有趣的现象，进而了解大自然，体验美好的生活。

3. 讲述一下树的好处，培养想象、观察及语言表达能力。

4. 幼儿教师在进行以上教学的同时，可以引导幼儿进行有创造性的语言活动，例如仿编。

黄叶儿

黄叶儿在树梢上睁大了眼睛，她看见一些叶子在秋风中跳舞，慢慢地落到地上，亲热地贴在大地妈妈的胸口上。“我也会跳舞！”黄叶儿扭了扭腰，从高高的树梢上飘下来。

一阵风吹来，黄叶儿被送上了天空。在一个背风的山坡下，她停下来休息。这时，一只小蚂蚁爬过来问：“你可以带我去旅行吗？”“当然可以。”黄叶儿忽悠一下飞上了天。小蚂蚁开心地叫起来：“我还从来没有到过这么高的地方呢！”黄叶儿又停下来休息。

这时，一只老瓢虫爬过来说：“我原来也会跳舞的，可是翅膀受伤后，就再也飞不起来了。”“那我带你飞上天吧！”黄叶儿一边说一边带着老瓢虫飞出了山谷。黄叶儿小心地飞着，飞得很慢很慢，她想让老瓢虫尽量多看看美丽的风景。当黄叶儿最后降落在一堆干草上的时候，发现老瓢虫已经幸福地睡着了。

黄叶儿继续在空中跳舞，一边跳一边唱：“朋友，朋友，请和我一起去旅行……”草丛里的小虫子听见了黄叶儿的歌声，一齐说：“黄叶儿，我们要和你一起去旅行！”

“滴答，滴答……”秋雨下个不停。小虫子们都不能去玩了，黄叶儿也累得睡着了。小虫子们到处寻找黄叶儿，他们哪里知道：黄叶儿就伏在他们的脚下，她的身体已经融进了大地妈妈的怀抱里——这会儿，她正在做一个甜甜的梦呢！

教学价值

本篇散文适合大班的幼儿。幼儿应理解散文中黄叶儿帮助小动物的感人故事，领会散文所表达的助人为乐、无私奉献的主题，萌生助人为乐的愉快情感。

表现手法

《黄叶儿》运用了拟人的表现手法，描述了小蚂蚁、老瓢虫都得到了黄叶儿的帮助的故事。秋天到了，树叶变黄了，有一片黄叶在树妈妈的身上摇啊摇，一阵风吹来，黄叶飘落了下来，在空中跳起舞来，接着慢慢地落到了地上，贴在大地妈妈的胸口上。黄叶儿离开了树妈妈，来到了大地妈妈的怀抱。

教学建议

1. 教师除正确引导幼儿体会无私奉献的主题思想之外，还要引导幼儿感受散文中对秋季景物的描绘，体会散文的语言美，如“忽悠”“小心地飞着”这些词语。

2. 仿编散文,分析黄叶儿的精神。

小蚂蚁、老瓢虫都得到了黄叶儿的帮助,黄叶儿还会帮助哪些小动物呢? 黄叶儿帮了这么多的小动物,它继续飞呀飞, 飞到哪里去了? 它为什么会做甜甜的梦?(本环节建议使用幻灯片)

3. 最后环节建议提问幼儿,学习了这篇散文,你的感受是什么? 为什么?(大班幼儿有独立的思考、辨别的能力,这个问题能很好地显现幼儿的想法,幼儿教师也可以通过此环节了解自己本班幼儿对事物的理解角度或性格等情况)

春雨的色彩

春雨,像春姑娘纺出的线,没完没了地下到地上,沙沙沙,沙沙沙……

一群小鸟在屋檐下躲雨,它们在争论一个有趣的问题:春雨到底是什么颜色的?

小白鸽说:"春雨是无色的。你们伸手接几滴瞧瞧吧。"

小燕子说:"不对,春雨是绿色的。你们瞧! 春雨落在草地上,草地绿了! 春雨淋在柳树上,柳枝儿绿了。"

小麻雀说:"不不不! 春雨是红色的。你们瞧! 春雨洒在桃树上,桃花红了! 春雨滴在杏树上,杏花红了。"

小黄莺说:"不对,不对,春雨是黄色的。不是吗? 春雨落在油菜地里,油菜花黄了;春雨落在蒲公英上,蒲公英的花也黄了。"

春雨听了大家的争论,下得更欢了,沙沙沙,沙沙沙……它好像在说:亲爱的小鸟们,你们的话都对,但都没说全面,我本身是无色的,但能给春天的大地带来万紫千红。

(楼飞甫)

教学价值

本篇散文适合大班的幼儿。《春雨的色彩》是一篇优美抒情又具有丰富意境的散文。要让幼儿在享受语言美的同时，自然而然地了解春雨的特征及植物生长的自然知识。

表现手法

这是一篇语言优美，充满诗意的散文作品，运用了拟人的表现手法。春雨是比较抽象的，幼儿对抽象的词语不感兴趣，所以很难有直观的感受。作品描绘了春雨像姑娘纺出的线，没完没了地沙沙沙下到地上时，四只小鸟在人格化地争论一个有趣的问题：春雨到底是什么颜色的。"春雨是无色的。你们伸手接几滴瞧瞧吧。""春雨是绿色的"，"春雨落在草地上，草地绿了！春雨淋在柳树上，柳枝儿绿了。""春雨是红色的"，"春雨洒在桃树上，桃花红了！春雨滴在杏树上，杏花红了。""春雨是黄色的"，"春雨落在油菜地里；油菜花黄了。春雨落在蒲公英上，蒲公英的花也黄了。"

通过对作品的理解，激发幼儿的审美能力和想象力，感受作品的意境美。帮助幼儿在理解散文的基础上感受春天的生机，初步掌握大自然的规律和植物生长的特点，知道春雨对万物生长的作用。

教学建议

1. 学习这篇散文，先要让幼儿对词语进行理解。例如怎样理解万紫千红？春雨是无色的，因为春天来了，草地变成绿色，桃树开了红色的花，油菜开了黄色的花等。教师要引导幼儿对词语的把握和理解，春雨本来是无色的，但当它落在各种各样的花儿身上的时候，五颜六色的花儿都开放了，非常鲜艳，非常美丽，大地变得"万紫千红"。让幼儿说说春雨还可以是什么颜色的，可以增进幼儿对作品的理解，提高幼儿的语言表达能力。

2. 拟人的表现手法特点是具有形象性，所以建议幼儿学散文中的角色对话，并进行表演。请四名小朋友分别当小白鸽、小燕子、小麻雀、小黄莺，一起来表演。（注：教师引导幼儿表演出小动物之间争论的语气）

3. 让幼儿在吟诵中感悟春雨的颜色,春雨的形象,春雨给大地带来的变化。建议教师引导幼儿体会春雨的轻柔、细小和大自然的神奇、美丽,让幼儿在积极主动的思维和情感活动中加深对散文的理解。

4. 建议连环教学,进行春夏秋冬系列教学活动。

我多想

我多想,躺在桃树上,做一个粉红色的梦,送给刚出壳的鸟宝宝,让它一睁开眼睛就能看到世界上最美丽的色彩……

我多想,串起花仙子阵阵优美的音乐,送给衔虫回家的鸟妈妈,让辛劳一天的她能有片刻的安闲……

我多想,勾起小熊串串欢乐的笑声,送给刚进入梦乡的小妹妹,让她的笑更甜……

我多想,把你带进最美丽的一刻,让温馨永远永远留在你的心上……

教学价值

本篇散文适合大班的幼儿。《我多想》是一篇结构简单、易于理解、意境优美的散文,它描述了一个孩子最美妙的梦想,关心他人的美好情感,展现出来的是一幅“爱意浓浓”的幸福画面。

表现手法

《我多想》是一篇结构简单、幼儿易懂的散文作品。它运用了夸张的表现手法,把希望和美好的想象很恰当地融合在一起,让幼儿感知快乐,并分享自己的快乐。大班的幼儿有一定的生活经验及情感体会,而且具有较好的语言领悟能力和丰富的想象力,分享快乐不是一件困难的事情。让孩子有感情地吟诵,可以帮助其感受语言的优美,加深对文学作品的体会,熟悉散文的语言格式,便于幼儿对散文内容的掌握。

教学建议

1.《我多想》的语言是优美的，让幼儿在体会语言的基础上，尝试用散文的语言格式进行仿编。教师引导幼儿用“我多想……”“送给……”“让……”的语言格式讲述自己的梦。通过提问创编，使幼儿更好地理解散文的结构句式，发展幼儿的语言表达能力、想象力和创造力。

2. 幼儿教师要和孩子谈论作品中的“你”是指谁。引导幼儿想象如果小女孩对你说“我多想，把你带进最美丽的一刻，让温馨永远永远留在你的心上”，你有被“爱”的感觉吗？觉得自己快乐吗？在老师的引导下，让幼儿体会到心中有“爱”是幸福的，把“爱”送给别人也是快乐幸福的，把对散文的美妙体验延续下去。

夏天

夏天的雨是金色的。不信，你看：

场院里，脱粒机扬撒着麦粒，千颗，万颗，连成金色的雨。

夏天的风是喷香的。不信，你闻：

村子里，家家户户磨了面，在蒸甜糕，飘出一阵阵香味。

夏天的路爱唱歌。不信，你听：

小路“吐吐吐”，大路“嘀嘀嘀”，拖拉机、大卡车，一辆接一辆，忙着去卖粮。

（望安）

教学价值

本篇散文适合大班的幼儿。《夏天》这篇幼儿写景散文从小景点里挖掘出诗情画意，让幼儿受到潜移默化的美感熏陶。山村夏天生机勃勃的景象，可以融进幼儿对生活的观察和感受。

表现手法

本文采用虚实结合的手法，把场院脱麦粒、家家蒸麦糕、公路运粮食的场面艺术化，以山村孩子的视角营造出一种优美、简明、充满生机的意境。三个镜头：场院、村子、小路。三种具有特征意义的景色：场院洒的金雨、村里飘的香味、爱唱歌的小路。三个画面，生动地描绘出孩子眼中的山村夏天生机勃勃的景象，并融进了他们对生活的观察和感受，传达出丰收的喜悦心情。有声、有色、有味，引人遐想。

教学建议

1. 在正式活动前，可以让小朋友用简单明了的语言把城市夏天的特征、功能等说一遍。这样可以其锻炼语言组织能力，让其感受城市的夏天和乡村的夏天有什么不同，达到自主比较、自主审美的效果。

2. 幼儿教师要注意“看”“闻”“听”和金色的雨、喷香的风、唱歌的路，并加以准确解读，帮助幼儿理解画面，帮助幼儿主动去感受，主动去建构自己的审美情趣和审美能力。

3. 在以上学习的同时，可以引导幼儿进行有创造性的语言活动，例如仿编。

春姑娘的悄悄话

春姑娘来到田野上，对着迎春花说了一句悄悄话，迎春花立刻嘀答嘀答地吹起了小喇叭。对着小草说了一句悄悄话，小草立刻换上了嫩绿嫩绿的外套。对着小河说了一句悄悄话，小河立刻哗啦哗啦地唱起了欢乐的歌。

春姑娘来到森林里，她对着小青蛙说了一句悄悄话，小青蛙立刻蹦蹦跳跳地来到池塘里玩耍。

春姑娘对着小狗熊说了一句悄悄话,小狗熊立刻摇摇摆摆地走出树洞向大家问好。

春姑娘对着百灵鸟说了一句悄悄话,百灵鸟立刻叽叽喳喳地唱起动听的歌。

小朋友,你想听春姑娘的悄悄话吗?听!春天来了!

教学价值

本篇散文适合大班的幼儿。其富有人情味的语言风格给了幼儿清楚明了的记忆和想象线索,便于幼儿理解和感受,能够充分发挥幼儿的想象力。孩子们通过学习散文可以感受春天的美丽和勃勃生机,并萌发一种积极向上的激情。

表现手法

本文运用拟人的表现手法描写了春姑娘悄悄地来了!春姑娘来到田野上,对着迎春花说了一句悄悄话,迎春花立刻滴答滴答地吹起了小喇叭。小河、小狗熊、百灵鸟听了春姑娘的悄悄话发生了什么样的变化呢?这些都和幼儿的生活、幼儿的想象紧紧相扣。这篇充满儿童情趣的作品以生动的童话语言描绘了春天万物复苏、生机勃勃的景象,让人仿佛置身于美丽的大自然之中,可以呼吸到春天的气息,不由自主地感觉自己像春天一样浑身充满活力。这篇散文符合大班幼儿的学习特点,能够让幼儿亲身感受到了春天的美丽,而且意犹未尽。

教学建议

1. 为了帮助幼儿熟悉作品的内容,加深幼儿对作品的理解,建议采用直观教学法。老师最好制作相应的课件,让幼儿通过眼、耳、口等多种感观欣赏作品。

2. 本散文中有许多动词、形容词,为了避免让孩子枯燥地学习理解新词,教师可引导孩子通过动作表演(运用拟人的表现手法)加深记忆和理解。如学习“蹦蹦跳跳”一词时请孩子们用小青蛙优美的舞姿来表现。

3. 引导幼儿通过观察春天的变化理解散文,并通过比较知道“嘀答嘀答”

“哗啦哗啦”“嫩绿嫩绿”“摇摇摆摆”“叽叽喳喳”“蹦蹦跳跳”，在理解散文的基础上尝试仿编，也可以朗诵。

云彩和风儿

天上的云彩真有趣，天上的风儿真能干。

吹呀吹，云彩变成小白船，竖起桅杆，扬起风帆，小白船，飘呀飘，飘到远处看不见。

吹呀吹，云彩变成大狮子，弓起身子，张开大口，狮子吼呀吼，吓得羊群都逃散。

吹呀吹，云彩变成胖娃娃，头戴帽子，身穿围兜儿，跑来跑去，跟着太阳公公闹着玩。

天上的云彩真有趣，天上的风儿真能干！

教学价值

本篇散文适合大班的幼儿。教师应激发幼儿创编散文的愿望，让其尝试用散文的语言创编《云彩和风儿》，并自信地讲述创编内容。这样能够培养幼儿想象的丰富性、思维的独创性，增强幼儿的自信心和积极向上的情感。

表现手法

这是一篇优美又不失情趣的散文。其鲜明的句式结构特点以及拟人化的表现手法，都便于幼儿感知和理解。秋日的天空亮丽迷人，白云在湛蓝的天空中穿梭变化。孩子们在不经意中发现了秋天的秘密，感受着秋日的可爱。《云彩和风儿》这首散文篇幅短小精悍，语言优美，生动形象地描绘出了秋天云彩和风儿的多姿变化。其中前面和后面的内容一样，都是“天上的云彩真有趣，天上的风儿真能干”，中间三句描述了云彩的变化，每一句都描述了云彩变成了什么，它是什么样子的,它在干什么。因此这篇散文便于幼儿理解和感受,易于幼儿记忆和朗诵。

教学建议

1. 活动前,建议幼儿多次观察云彩的变化,对云的形成有初步的了解。建议幼儿教师引导幼儿欣赏、理解散文,运用课件帮助幼儿理解风儿与云彩的变化。例如:教师声情并茂地朗诵散文,让幼儿初步感受散文的语言美;结合课件放映,让幼儿进一步欣赏散文的意境美,理解风儿使云彩千变万化。

2. 通过理解和学习,激发幼儿的创编意识,让其尝试用散文的语言创编《云彩和风儿》,并自信地讲述创编内容。(建议引导幼儿用"吹呀吹,云彩变成……"的句式说出来。幼儿教师可以说:现在请小朋友像散文里的句子一样,用"吹呀吹,云彩变成……"把你看到的和想到的说出来)

3. 建议幼儿教师凡是涉及大自然的作品,一定反复提倡热爱大自然,培养幼儿热爱大自然的情感。

两只棉手套

冬天的西北风刮个没完,刮到脸上,就像用小刀儿一下一下割着,真疼啊!

松鼠妈妈要生小娃娃了,可是她还没找到一个避风的地方。

松鼠爸爸很着急,他在树枝上蹦来蹦去,想找一个暖和的树洞。

找呀找呀,他找到了一个很大很圆的树洞。他刚往里一探头,就听到一个粗嗓门说:"对不起,我已经住上了。"松鼠爸爸一听,就知道是大黑熊。他赶忙走开了。

找呀找呀,他又找到了一个很小很圆的树洞。他刚往里一探头,就听到一个尖嗓门说:"对不起,我已经住上了。"松鼠爸爸一听,就知道是小刺猬。他赶忙走开了。

风越刮越大了，还夹带着雪花。

松鼠妈妈蜷缩着身子，抱着圆鼓鼓的肚子，蹲在树枝上，愁得直想哭。松鼠爸爸叹了一口气，跳下大树，又为松鼠妈妈寻找生娃娃的地方去了。

他走在雪地上，这里看看，那里找找，连个草窝都找不到。他的脚都冻麻了，可根本顾不上暖暖它们。他只想快点给松鼠妈妈找个窝，好平平安安地生下小娃娃呀！

走着走着，他忽然踩着一个软绵绵的东西，他摇摇大尾巴，把覆盖在上面的雪扫一扫，啊，露出了一只棉手套！他知道，这一定是哪个小朋友不小心丢在这里的。他可顾不了那么多了，赶忙让松鼠妈妈钻进去。不久，她就生下了五只小松鼠。

五只小松鼠一生下来就淘气极了，这里钻钻，那里拱拱。五只小松鼠钻进了棉手套的五个指头，正好一只住一间小房子。小松鼠们呼呼地睡大觉了。松鼠妈妈睡在娃娃们的身边，守护着他们。

松鼠爸爸也想钻进棉手套里暖和暖和，可是里面太挤了，他只好又出来，躺在手套外面，用自己蓬松的大尾巴盖在自己的身上取暖。

风，越刮越猛；雪，越下越紧。五只小松鼠依偎着妈妈还喊冷。松鼠爸爸就用自己的大尾巴堵在棉手套的口上，为他们挡风雪。他迎着风雪卧在棉手套的外面，他冻得发僵了，也不肯离开一步。

忽然，松鼠爸爸听见远处传来“吱嘎吱嘎”的脚步声。脚步声越来越近，他看见两只踏雪鞋停在面前。他仰起头一看，见一个男孩子站在跟前，他一只手戴着棉手套，另一只手光着。松鼠爸爸一看就明白了，就是这个男孩子丢了他的棉手套。真的，他是来取回他的棉手套的。

他蹲下身来，刚要伸手去拿，松鼠爸爸说：“谢谢你的棉手套。”

男孩子却说：“我该谢谢你呀。”

“不，”松鼠爸爸说，“我该谢谢你。你看，我的五只小松鼠和他们的妈妈正躲在你的棉手套里呢！要不，他们真会冻死的。”

"你怎么不进去呢?"小男孩问。

"里面太挤了。我在外面给他们挡风雪。"松鼠爸爸很自豪地说。

这时候,小男孩发现松鼠爸爸全身盖满了雪花。他毫不犹豫地脱下另一只棉手套,轻轻地放在地上,然后转过身去,不声不响地走了。

松鼠妈妈和她的五只小松鼠探出头来想谢谢他,只见他已踩着厚厚的大雪,"吱嘎吱嘎"地走远了。松鼠爸爸说:"好好保存这两只棉手套,明年春天天暖了,我们一定要送还给他。"

五只小松鼠望着男孩远去的背影一齐喊着:"我们长大了,跟着爸爸妈妈一起去!"

(金波)

教学价值

本篇散文适合大班的幼儿。每个孩子都有爱与被爱的需要,孩子在幼儿时期对爱的需要显得尤为突出。让幼儿感受生活中的爱与被爱有利于幼儿身心的健康成长。孩子应学习故事中松鼠爸爸文明处事的态度,进一步体会"爱"的含义。

表现手法

本篇作品运用了拟人的表现手法、散文的形式来描写拟人化的童话形象。在当今社会,孩子大都是独生子女,比较以自我为中心,而忽略了去感受父母家人对自己的爱,朋友间的互相帮助和分享。《两只棉手套》是一个充满浓郁儿童情趣的故事,是一个表达爱的故事,整个作品充溢着爱的气氛。故事中的松鼠爸爸为了松鼠宝宝和松鼠妈妈能温暖过冬而无私付出,还有小男孩为了帮助松鼠一家送出了自己温暖的棉手套,这些都是现在的孩子们所需要的品质。

作品运用了夸张的表现手法。"五只小松鼠钻进了棉手套的五个指头,正好一只住一间小房子。五只小松鼠钻进了棉手套的五个指头,正好一只住一间小房子。”作者巧妙地，安排五个小松鼠住进手套的五个指头，让人觉得又好玩、又可爱。

教学建议

1. 在教学中，建议运用多样性、启发性、开放式的提问。如：还有一只手套到哪里去了？（启发幼儿大胆地猜测手套的去向，预测故事的发展）

2. 试着让小朋友用完整的语言表达自己对故事的理解。鼓励幼儿大胆清楚地表达自己的想法和感受，尝试说明、描述简单的事物和过程，发展语言表达能力和思维能力。

3. 在教学时，建议使用幻灯片，通过鲜明、生动的形象吸引幼儿的注意力，激发其学习兴趣和热情，帮助其理解记忆，使其更好地理解故事内容和所表达的情感。

4. 为了避免活动一直处于“静”的状态，在教学过程中可以设计“送棉手套”“做爱心卡”的游戏及情景模拟的环节，这样课堂气氛会比较活跃。通过此游戏幼儿能够更好地理解和掌握故事的内容。

树妈妈的信

树妈妈有许许多多的叶娃娃挂在自己的手臂上。它们在清风中晃呀晃，真舒服。

天气渐渐凉了，树妈妈对叶娃娃们说：“乖孩子们，你们已经长大了，可以帮妈妈做事了。你们帮妈妈去送信好吗？”

“好！好！好！”叶娃娃们争先恐后地说。

树妈妈拿出金色的笔，在叶娃娃的手掌上写起信来。不一会儿，叶娃娃们都变得金灿灿的，美丽极了。

树妈妈写完信后，“簌簌簌”地抖着身子说：“好了，孩子们，跟风婆婆一起出发吧!”叶娃娃们和树妈妈道声“再见”,就随着风婆婆出发了。

飞呀飞,一些叶子说:“我的信是送给小河的。”于是一些叶子就落在了小河里。金色的鲤鱼跳出水面,喊道:“树妈妈来信了,秋天到了,秋天到了。”

叶娃娃们飘呀飘,有的说:“我的信是送给田野的。”于是,一些叶娃娃落在了田野里。金黄的稻穗摇着脑袋说:“树妈妈来信了,秋天到了,秋天到了。”

叶娃娃们飘呀飘,有的说:“我的信是送给幼儿园的。”于是一些叶娃娃落在了幼儿园里。小朋友们捧着金黄色的叶娃娃,高兴地说:“树妈妈来信了,秋天到了,秋天到了。”

叶娃娃们飘呀飘,飞呀飞,把信送到每一个角落。如果你竖起耳朵仔细听,到处都传来这样的声音:树妈妈来信了,秋天到了,秋天到了……

教学价值

本篇文章适合中班的幼儿阅读。幼儿应在理解散文的基础上想象自己是一片帮妈妈送信的小树叶,理解几个动词“跳出”“摇着”“捧着”,并尝试仿编,以理解故事内容,感受秋天的明显特征。

表现手法

秋天到了,许多树叶都掉下来了,颜色都变成了金灿灿的了。孩子们喜欢去室外捡树叶玩,所以对落叶印象特别深刻,本篇《树妈妈的信》将树叶拟作帮妈妈送信的信使,虽然有点长,但易于理解。故事通过树妈妈请叶娃娃帮忙去送信这条线索,让幼儿理解秋天的基本特征——天气变凉、树叶掉落变黄等。童话中美丽的语言对幼儿是一种熏陶。童话中的内容符合秋天的季节特点。幼儿可以边听故事边通过表情和肢体动作表演,进一步感受优美的语言和意境。这种方式可以帮幼儿理解故事和吸引幼儿的注意,避免幼儿因故事太长而走神,效果不错。

教学建议

1. 引导幼儿根据自己的理解想象出合理的信件内容,并鼓励幼儿大胆地在同伴面前讲述,培养幼儿讲述的完整性和连贯性,发展幼儿的想象力。

2. 用提问的方式让幼儿理解几个动词“跳出”“摇着”“捧着”。例如叶娃娃把信送给了谁?金色的鲤鱼是怎么说的?它做了一个什么动作?让幼儿理解“跳出”这个词,并做动作。让幼儿学说句子“树妈妈来信了,秋天到了,秋天到了”。朗诵到田野一段结束时出示活动教具,提问叶娃娃现在把信送到了哪里?遇到了谁?金黄的稻穗看见了做了一个什么动作?它是怎么说的?继续朗诵散文到幼儿园这一段结束。提问叶娃娃把信送到了哪里?谁看见了?小朋友看见了是怎么说的?

3. 帮助幼儿理解故事内容,感受秋天的明显特征。建议幼儿教师设计问题:为什么“鲤鱼”“稻穗”“小朋友”看见了叶娃娃就知道秋天到了呢?散文中为什么说天气变凉了,树叶变成金灿灿的?让幼儿理解秋天到了,随着天气转凉,许多树叶慢慢失去水分,颜色就变黄了。

4. 仿编,如果你是一片叶娃娃,你会把信送到哪里?送给谁?它们会怎么说呢?

5. 故事表演。请个别幼儿扮演树叶娃娃、稻穗、鲤鱼、小朋友,教师朗诵散文,全体幼儿跟读(要求表演的孩子做出动词的动作)。让孩子自己选择角色,体现幼儿的自主性,效果会更好。

庐山的云

坐在庐林湖边休息,看着湛蓝的天空,一朵白云向山上一幢红房子飘去,红房子不见了,被白云吞没了,一会儿白云又把红房子吐出来,慢悠悠地飞去了。

稽鸿

教学价值

本篇散文适合大班的幼儿阅读。作品抓住景观中的某一点去叙写，以小见大，优美而有奇趣，明朗而含韵味。

表现手法

游记散文通常只记一景一物、叙一人一事，线索单纯，结构简单。语言很深的表达孩子不会接受，更不会在头脑中产生直观的形象。所以表现手法要幼儿化，有时可以采用夸张的表现手法。想象离不开夸张，幼儿可以想象和联想文字所描述的优美而奇趣的景色。“吞”“吐”“飞”准确地体现了幼儿的感知觉。

教学建议

建议采用幻灯片，上网找一些图片，让幼儿进一步体会云的形状和特点，再结合作品内容理解夸张的表现手法。

鼓励幼儿进行仿编，以去公园、陪妈妈逛街等为素材，帮助幼儿理清情节线索，提高审美价值取向，感受变化的过程。